JULES BRETON

DE L'ACADÉMIE DES BEAUX-ARTS

Nos peintres du Siècle

SOCIÉTÉ D'ÉDITION ARTISTIQUE

PAVILLON DE HANOVRE

32-34, RUE LOUIS-LE-GRAND, 32-34

PARIS

Nos peintres
du Siècle

TYPOGRAPHIE FIRMIN-DIDOT ET Cⁱᵉ — MESNIL (EURE).

L'Art et les Artistes

JULES BRETON

DE L'ACADÉMIE DES BEAUX-ARTS

Nos peintres du Siècle

SOCIÉTÉ D'ÉDITION ARTISTIQUE

PAVILLON DE HANOVRE

32-34, RUE LOUIS-LE-GRAND, 32-34

PARIS

NOS PEINTRES

DU SIÈCLE

I

Lorsqu'en 1847 j'entrai, comme élève, à l'atelier de Drölling, une sorte d'accalmie succédait aux violentes disputes qui, pendant la Restauration et les commencements du règne de Louis-Philippe, avaient surexcité les deux partis en lutte : les romantiques et les classiques, autrement dit les coloristes et les dessinateurs. Les fougueux critiques d'art avaient singulièrement adouci leurs attaques et, dans un indulgent éclectisme, Théophile Gautier, leur chef reconnu, en était arrivé à concilier les théories les plus contraires : il partageait ses éloges entre Ingres, Delacroix, les paysagistes, et encourageait en même temps les timides essais des réalistes qui réveillaient la tradition espagnole, flamande et hollandaise. Il déguisait si bien ses jugements sous la magie de son style prestigieux, qu'il fallait lire entre les lignes pour deviner ses préférences. D'ailleurs, à ce moment, toutes les ardeurs belliqueuses se tournaient vers la politique : l'art vivait en paix.

Désormais consacrés, les maîtres jouissaient tranquillement de leur gloire, surtout ceux qui, comme Eugène Delacroix, Th. Rousseau et Corot, avaient été d'abord les plus contestés. Leurs efforts se voyaient récompensés par d'éclatantes acclamations, bien que la louange n'eût point encore atteint les divagations dithyrambiques d'aujourd'hui. Tous les talents profitaient de cette impartialité bienveillante, même les jeunes artistes qui cherchaient à explorer les chemins non battus.

Seuls, quelques vieux peintres, attardés dans la tradition de David, ralliaient sur leur tête toutes les railleries. Les derniers des rapins les tournaient en ridicule; et je dois dire que certains de ces retardataires affectaient une dignité morne et pédantesque, bien faite pour excuser tant d'irrévérence.

Seulement notre présomption nous entraînait trop loin, lorsque nous parlions de Louis David, lui-même, comme d'un cuistre. Depuis, une réaction a placé ce peintre presque au niveau des plus grands maîtres. Est-elle plus juste? C'est ce que nous allons examiner. David est-il un peintre de génie, un initiateur, un rénovateur, ainsi qu'il a été dit? ou bien, comme l'affirmait notre outrecuidance hasardeuse, faut-il ne voir en lui qu'un habile mais froid metteur en scène de figures emphatiques et figées, soigneusement dépouillées de tout accent expressif et vrai? A-t-il compris quoi que ce soit à la beauté grecque qu'il prétendait faire revivre sous les yeux de ses contemporains?

La composition du *Serment du Jeu de Paume* est-elle autre chose qu'un arrangement théâtral, une réunion de cabotins exhalant, la main sur le cœur, leur patriotisme conventionnel avant la Convention? Et sa *Distribution des aigles* excite-t-elle un autre enthousiasme que celui de mannequins dont on croit entendre grincer les articulations sous des mouvements outrés, forcés et, par cela même, condamnés à l'immobilité définitive?

Il ne faut rien exagérer; mais, pour les qualités comme pour les défauts, il y a du vrai dans ces deux appréciations si différentes.

David avait reçu de la nature deux dons rares dont il ne s'est guère servi : la vision franche et l'exécution simple. Il suffit, pour s'en convaincre, de regarder un instant son propre *Portrait* du Salon Carré de l'école française et les *Laides Gantoises* de la grande salle moderne. L'un est une merveille d'observation physiognomonique, aux accents fermes et sûrs; les autres sont

de la peinture la plus aiguisée, la plus solide et la plus transparente à la fois; c'est
fait tout d'une coulée, en pleine pâte (qu'on
me pardonne ces inévitables termes techni-
ques); c'est d'une générosité d'ampleur qui
défie Frans Hals. Le ton juste s'y affirme
du premier coup, admirablement étendu
dans de belles souplesses, aussi bien pour
les chairs que pour les vêtements. La mère
surtout est absolument vivante et ses filles, si disgraciées, sont superbes de peinture.

Le portrait de Mme Récamier est un chef-
d'œuvre laissé en chemin.

Eh bien, malgré ces dons, David ne fut
guère en résumé qu'un artiste-rhéteur. Chez
lui, le grand peintre a été tué par un caractère orgueilleux, jaloux et mesquin. Il semble avoir fermé ses yeux et son cœur;
n'avoir rien vu, rien senti. Et cependant,
« quel temps fut-il jamais plus fertile en
miracles », en émotions. en passions en-
flammées; plus palpitant de vie dévorante
et d'horreur tragique, de traits d'héroïsme,

de fureurs criminelles et de mépris du danger? Quelle source d'observations pour un peintre doué! Aucun des drames de la Révolution n'a été traduit par David d'une façon puissamment vraie; même pas sa *Mort de Marat*, quoi qu'on en ait dit. On le sent, là, poussé bien plus par la préoccupation d'une popularité malsaine que par une inspiration d'art. Le bras qui pend hors de la baignoire est d'un dessin et d'un modelé de pratique ; l'emmanchement du cou porte mal une tête sans ferme accent, car, en cherchant à atténuer la férocité du type, il l'a rendu insignifiant. Néanmoins, l'effet fut grand sur la foule en délire, pleurant son idole. L'écho d'un tel fétichisme a pu, seul, faire passer pour chef-d'œuvre, jusqu'à nos jours, une toile plutôt médiocre. Ah! que nous sommes ici loin des admirables qualités des portraits dont j'ai parlé !

L'homme qui a peint *L'Ami du peuple*, qui a voté la mort de Louis XVI, pour, plus tard, dans son tableau du *Sacre*, glorifier un César. dut, avant tout, soigner ses propres

intérêts. On peut douter de sa conviction,
lorsqu'il consacre son pinceau à la repré-
sentation des vertus civiques; de sa bonne
foi, lorsqu'il répond à Carle Vernet l'implo-
rant pour sa sœur dont la tête va tomber
sous le couteau : « J'ai peint Brutus, je n'ai
pas de grâce à demander! » Un artiste ainsi
cuirassé contre la pitié devait garder tout
son sang-froid en présence de l'extraordinaire agitation des rues. Il est permis de
supposer qu'il veilla d'abord à sa propre
sauvegarde, à l'avancement de sa situation,
à l'éloignement de ses rivaux. Sa prudence
le désintéressa des drames du jour. Il trouva
plus sage de s'appuyer sur l'autorité moins
discutable, moins dangereuse, du monde
antique. Parmi tant de dévouements sublimes et de crimes, il s'est abstrait dans la
morale consacrée de l'histoire, et rien ne
troubla le regard tranquillement égoïste
qu'il jeta vers les Grecs dont il s'aidait pour
l'élaboration de ses toiles civiques. David,
ambitieux avant tout, s'est servi de la politique pour arriver à la domination des

arts ; et on doit reconnaître qu'il poursuivit
ce but avec plus d'âpreté que de délicatesse,
cherchant l'appui des tribuns en vogue (témoin Robespierre), pour les renier outra-
geusement, une fois tombés. Il poursuivit la
basse popularité jusqu'à proposer l'abolition
de l'Académie dont il avait sollicité les suf-
frages et dont il faisait partie. Et, quoique
l'art charmant et puissant de Prud'hon pro-
testât contre l'envahissement de cet idéal
faux, le style de David s'imposa. Et, longtemps, rien ne put contre-balancer son influence despotique : pas même la direction
plus ample que prit bientôt le talent d'un
de ses élèves, de Gros, le plus beau des
hommes, et dont la séduction eût entraîné
l'école, s'il eût été plus ambitieux.

David fut proclamé le rénovateur de l'art
français. Quoique perverti et parfois très re-
lâché, on se demande si l'art de ses devanciers directs ne valait pas mieux que cette
innovation. Dans tous les cas, elle eût été
inféconde, si, comme nous le verrons, Ingres ne l'avait pas singulièrement étendue

et modifiée dans son caractère, tandis que Gros y mêlait un sentiment de vie et de couleur ; elle eût été inféconde, comme le sera toujours tout système ayant pour but de corriger la nature pour la ramener à un type uniforme et conventionnel.

Cette préoccupation a gâté même plus d'un de ses portraits ; toutefois, je me plais à signaler encore celui de *Madame Chalgrin*, si simple, si distingué, où le maître se retrouve avec son aisance et sa force naturelles, dont il paraît ne pas avoir lui-même senti le prix.

Mais j'arrive à son tableau du *Sacre*, souvent cité comme son chef-d'œuvre. J'ai beau le voir et le revoir, je n'ai qu'une médiocre admiration pour cette immense toile. La figure de Napoléon, quoiqu'elle manque de souplesse dans le modelé, est d'une belle fierté et donne bien le caractère d'un César. Le costume, très habilement peint, a dû plaire à Talma. Pie VII me paraît, aussi, bien en situation, pas trop humble devant le conquérant : il laisse entrevoir une résignation tranquille, sûr que son effacement ne sera pas sans revanche pour la papauté. Le fond de l'église, les ornements sacerdotaux, tout cela est fort bien exécuté. L'Impératrice tombe en avant dans un équilibre douteux, qui ne nuit pas trop à sa tournure élégante. Mais, pour peu que l'on s'éloigne de ces belles parties, on est frappé du maigre effet qu'elles produisent dans l'ensemble. Et puis, que dire des dames d'honneur debout derrière Joséphine, avec une insignifiance de poupées ? Tous les personnages de l'entourage sont privés de type, chaque fois que la ressemblance n'est pas rigoureusement exigée. Peut-on voir un groupe plus banal que celui des comparses qui terminent la composition à gauche, misérablement guindés dans leurs uniformes d'un ton louche et blafard ?

L'art exige plus de sincérité.

En résumé, dans toutes les occasions où David est astreint à la vérité, comme dans les portraits, dans des choses qui demandent l'exactitude, il retrouve ses qualités.

Mais, partout où il peut se livrer à son idéal, il redevient inexpressif et faux. Non seulement il perd alors tout accent juste, mais son exécution elle-même, parfois si sûre, devient veule, léchée et débile. Comment l'homme qui a peint les *Gantoises* peut-il descendre jusqu'à ce paravent niais qui a nom : *les Amours d'Hélène et de Paris?* Oui, David a regardé la Grèce; mais il n'a pas connu les modèles qui lui eussent appris à accentuer les types, même en les simplifiant; il s'est complu aux grâces bellâtres d'une décadence qui, même au pays des dieux, n'avait pas tardé à succéder aux immortels chefs-d'œuvre.

En nous éloignant de cette vaste toile du *Sacre,* saluons au passage la charmante Mᵐᵉ Vigée-Lebrun et sa jolie fillette, groupe si tendre dont l'exquise grâce, je le sais, n'est pas exempte d'une nuance d'afféterie qui ne serait pas à sa place sous un pinceau masculin, certaines délicatesses d'âme étant, par la nature, refusées au sexe fort. Comme cette mère est adorable d'idolâtrie berceuse! Comme l'enfant doit se mirer avec ravissement dans ses yeux limpides! Ici, en vérité, la peinture est femme et donne bien ce que l'on attend d'elle.

J'arrive, dans ce même Salon Carré de l'école française, à un saisissant tableau : *La Justice et la Vengeance poursuivant le Crime.* Il est l'une de nos plus belles gloires. Tandis que David triomphait et que la faveur publique allait aussi à ses élèves, à Gérard, à Guérin, à Carle Vernet; Prud'hon, — que l'on a appelé le Corrège français et qui, par un étrange hasard, ressemblait à André Chénier avec lequel, dans un art différent, il avait d'autres affinités comme talent, — Prud'hon, longtemps obscur, luttait dans une situation voisine de la misère. Il avait la vision du beau et cette sensibilité qui ouvre l'âme aux gaîtés et aux tristesses de la nature, de même qu'aux joies et aux douleurs humaines. Aussi, quoique s'inspirant également de l'antiquité, non toutefois de la meilleure époque, il sut donner un charme

extrême à des formes un peu convenues,
les animant d'un délicieux sentiment d'a-
mour. Il eut des sourires pénétrants ; il sut
exprimer l'horreur, la pitié et la dignité
sévère. Il connut aussi les heures mystérieuses et l'art de vêtir ses figures d'effets
puissants et prestigieux. Je n'ai pas besoin
de faire remarquer combien le regard glacé
d'une lune tragique exaspère l'épouvante
de ce criminel au masque de Caracalla,
que poursuivent la Justice et la Vengeance,
et combien sa blanche caresse enveloppe
tendrement le corps de la victime comme
d'un pieux suaire, tandis que les déesses
découpent, sur leurs ailes célestes, l'impla-
cabilité de leurs fermes profils.

Si nous comparons cette tragédie unique
dans son genre à la froideur pédante de
certains Romains et Sabins si impassible-
ment académiques, étalés sur le mur voisin,
nous aurons, en comparant aussi le sort
si différent des deux peintres, un nouvel
exemple de cette vérité qui montre, de
tout temps, le génie sacrifié à la médio-

crité habile. Cependant Prud'hon ne s'est pas non plus inspiré directement de la Révolution, de ses drames, de ses idylles inquiètes entre les émeutes sauvages; mais il en répercuta les échos; et cela suffit, comme pour André Chénier, à faire d'eux une éclatante exception au milieu de cette rhétorique ampoulée et déclamatoire, parfois d'un sentimentalisme outré, mais d'où la vraie flamme est absente, qui caractérise l'art et la littérature d'une des époques les plus passionnées et les plus sanglantes de l'histoire; cet art dont nous avons signalé, en commençant, les derniers vestiges tombés dans une inanité auguste et niaise.

On reste rêveur devant le problème de cette contradiction entre un art et la nature qui l'environne et qui aurait dû l'inspirer. Presque partout, une amplification théâtrale sourde aux grands cris de nature qui, bien certainement, clamèrent dans ce milieu terriblement tourmenté, et se perdirent sans profit dans le tumulte des émeutes.

Sans doute, c'est que l'art, pour prêter aux choses sa forme durable, cette intensité synthétique qui défie le temps, a besoin de recueillement, de distance et de repos. Il lui faut le souvenir. Eux-mêmes les artistes furent trop pris dans l'action pour avoir le loisir de la peindre. Effarées au centre d'une agitation continuelle, manquant de recul, les âmes créatrices, comme celle de Prud'hon, se réfugièrent dans l'asile que leur offrait l'étude des temps anciens ou dans les allégories ayant quelque similitude avec les préoccupations présentes. Mais rien n'arrête les rhéteurs au cœur froid; leur faconde s'exaspère dans le bruit, surtout lorsqu'elle est creuse et sonore. Là où les âmes vibrantes se taisent, faute de se reconnaître, le pédant, au plus fort de la tempête, enfle d'autant mieux la marée de ses périodes montantes. Plus d'un tribun de cette époque nous en donne l'exemple. Aussi la Révolution ne verra-t-elle pas son peintre vivant et vibrant. Il appartiendra à la génération suivante. Car

le souffle tragique n'ira pas, infécond, se
perdre dans l'espace. C'est par la voie de
l'hérédité qu'il pénétrera dans le génie d'un
homme pour y faire revivre, comme si celui-ci les avait vus, ramenés sous ses yeux,
toutes les impressions, les délires et les
drames sur lesquels il a passé.

Cet homme sera Eugène Delacroix. Gros
et Géricault ont l'insigne honneur de nous
l'avoir préparé, un peu au détriment de
leur propre gloire. Tel est le sort des artistes de transition.

Ce sont pourtant deux maîtres considé-
rables parmi l'élite de l'école française;
mais l'autre, quoique d'un talent très compliqué et composite, avec plus de défauts,
les éclipsera, pour avoir poussé le drame
à une intensité jusqu'alors inconnue. Bien
que, d'ordre moyen, les qualités de Gros
ne soient ni d'un très grand dessinateur,
ni d'un coloriste de premier ordre, on
peut affirmer qu'il apporte à ses compositions une entente de l'effet, une ampleur
d'ensemble qui fait absolument défaut à son

maître David. Si sa *Bataille d'Eylau* et sa *Peste de Jaffa* manquent un peu de cet imprévu qui caractérise les œuvres géniales, elles ne sont pas dépourvues de mouvement, de largeur et de nature. C'est plus puissant. Dans sa *Bataille des Pyramides,* l'artiste est moins original. Ici, comme chez son maître, la recherche outrée du style héroïque aboutit à l'emphase. La peinture de Gros est grasse, mais un peu molle.

Géricault, dans le *Naufrage de la Méduse,* toile encore trop méthodique peut-être, apporte une tout autre énergie d'attitude et d'expression. Comme le groupe principal, sous les affres de la plus atroce des agonies, se précipite, par un avide et suprême effort, vers le signal de salut! Il y a là, à la vérité, des cadavres superbes, un peu complaisamment étalés pour équilibrer une composition qui, quoique très saisissante, n'est pas complètement exempte de procédés artificiels; mais pouvait-on demander davantage alors? C'était déjà bien hardi pour un public habitué, même dans le drame, à la règle et au compas.

Je trouve aussi que le ton brun, qui convient aux poutres et aux planches du radeau, s'étend trop arbitrairement aux groupes et à la mer; que les modelés des corps, trop durs, devraient, par des transitions plus souples, se relier dans une plus entière homogénéité. Je veux être, dans ces pages, absolument sincère, et l'on me pardonnera d'oser ces quelques critiques à propos de ce grand artiste que j'ai toujours beaucoup aimé.

Au mur de mon premier atelier, était soigneusement accroché le masque de ce maître, moulé après sa mort. Cette admirable face émaciée, décharnée par un long martyre, est poignante. Ses traits jeunes et affaissés sur le squelette qui fait partout saillie, ce noble front, ce nez déprimé et comme aiguisé, cette bouche inerte d'où s'est exhalé un si beau souffle, nous pénétraient d'une pieuse vénération, et surtout

cet œil enchâssé comme celui des Arabes,
cet œil qu'on se figure si animé jadis par
l'ardeur de l'artiste enthousiaste et l'intrépidité du hardi cavalier, cet œil éteint sous
la pénombre de l'orbite cave, comme voilé
par la tristesse d'un fatalisme résigné.
Géricault est mort presque au début de sa
carrière ; il n'a pas dit le quart de ce qu'il
devait dire. Combien de germes de chefs-
d'œuvre détruits ! Que d'esquisses qui
n'ont pas été réalisées, comme celle de ce
carrousel antique dont on connaît de puissants dessins !

Nous avons dit que David, spectateur
des drames révolutionnaires, s'était complu
dans une forme glacée, au lieu de développer l'admirable don de vie qu'il étouffait
en lui. Eugène Delacroix, qui n'a pu évoquer qu'en rêve cette époque pleine de grandeur furieuse et de sanglant héroïsme, va,
bien que réactionnaire en politique, la fixer
révolutionnairement dans sa sauvagerie et,
pour ainsi dire, toute palpitante d'actualité.

Par quel mystérieux chemin d'atavisme

s'est accompli ce miracle? C'est que les révolutions amènent des transformations de sentiments qui, à cause des obstacles dont nous avons parlé, ne peuvent pas d'abord trouver leur expression, mais qui, ne pouvant pas non plus manquer de la donner, — fatalement toute force acquise ayant son effet, — vont charger un héritier de ce soin.

Une nouvelle forme se préparait, on en respirait le pressentiment. On la voit qui commence d'apparaître sous l'Empire, lorsque, l'activité des passions s'éloignant, se dispersant par le monde, voilée sous la fumée des gloires militaires, laisse quelque trève au recueillement des centres d'art. Non, ce ne fut pas par hasard, qu'issue de tant d'évolutions ardentes et d'un idéal sans frein, cette forme s'affirma dans l'entraînement contradictoire d'une réaction politique et morale, avançant lorsqu'elle semblait reculer jusqu'aux époques barbares sous le nom de *Romantisme* et, étrange anachronisme! revêtue de la défroque du

moyen âge, époque dont les peintres ne
connaissaient qu'une vague apparence pittoresque. Et voici que nous voyons Victor
Hugo et Eugène Delacroix incarner l'expression héroïque, vibrante et désordonnée
de la Révolution dont, à leur début du
moins, ils ne partagent nullement les idées.

C'est que l'art ne procède pas des spé-
culations scientifiques, mais des sensations
des âmes, des commotions qui ébranlent le
cerveau ; des élans des cœurs dont les con-
séquences, la science l'admet aujourd'hui,
peuvent se transmettre par atavisme. De
plus, les artistes obéissent à des impulsions
qu'ils ne sauraient raisonner ou qui, même,
contredisent leur raison. De là, l'incon-
science des vrais révolutionnaires en art.
Tout en exaltant parfois le style de ses tableaux jusqu'au délire, jusqu'à la frénésie,
Delacroix invoque les classiques ; il n'a aucune admiration pour le génie avec lequel il
a le plus d'affinité, Victor Hugo. Son idéal,
c'est Racine, le plus équilibré de nos
poètes ; il dessine d'après l'antique et les

médailles de Syracuse; il étudie Raphaël et Rubens. Le grand poète romantique, lui, d'abord royaliste, mais révolutionnaire en littérature, a davantage conscience du mouvement nouveau qu'il donne aux lettres; mais il n'est pas plus juste pour le peintre. Un jour, en présence de Leconte de Lisle qui me l'a raconté, le sculpteur Christophe crut bien faire, pour complimenter le poète de *la Légende des Siècles,* de le comparer au peintre des *Massacres de Scio.* Victor Hugo répondit par cette boutade de mauvaise humeur : « Delacroix, un misérable artiste ! »

C'est pourtant chez ces deux hommes, si mal disposés l'un envers l'autre, que le grand ébranlement des âmes par les drames épiques et féroces de la Révolution revit, en dépit de leurs préférences.

De là, le grand souffle qui court à travers l'œuvre de Delacroix, cette force irrésistible malgré les emprunts, et les faiblesses, et les recherches maladives, souffle que n'ont pu arrêter, détourner, ni perdre,

tant d'influences étrangères, tant d'écueils,
tant de lacunes, car ni Bonington, ni Géricault, ni Tintoret, ni Rubens, ni les autres
maîtres qu'il s'est assimilés et, d'autre part,
ni l'aristocratie hautaine de ses goûts et de
sa tenue, ni ses préférences pour tout ce
qui est mesuré, ni les poulaines, ni le pour-
point du moyen âge, ni les ardeurs d'A-
frique, rien n'a empêché son génie d'être,
sinon pour les principes, du moins par la
passion et l'emportement de l'imagination,
l'héritier tumultueux, indiscipliné, sauvage
de la Révolution, à laquelle son père avait
été activement mêlé. Ces élans sublimes
font passer sur des défauts impardonnables
ailleurs. Son *Boissy d'Anglas,* c'est la Révolution dans toute sa violence. Aucun tableau, dans toute l'histoire de l'art, ne lui
est comparable comme évocation; c'est la
vie poussée à son paroxysme de véhémence
et de confusion épique : c'est prodigieux, et
c'est frappant de clarté supérieure. comme
tout ce qui a été vu et rendu dans la spon-
tanéité du génie enflammé. C'est le

chef-d'œuvre des tragédies populaires.

Personne n'a plus raisonné son art que Delacroix, et personne n'a été plus inconscient. S'il avait vu clair dans son génie, il eût évité certains sujets qu'il a affectionnés, qu'il a souvent répétés, et où il perdait ses qualités principales. Il y avait chez lui contradiction entre le tempérament de l'homme et celui de l'artiste. Dans le monde, il apparaissait discret et distingué, correct, presque sans passion. De fait, il connut à peine l'amour; ce fut un froid et prudent voluptueux. A l'atelier, au contraire, en peignant certaines toiles, il eut des fureurs de lion, des rêves surhumains, des visions épiques où son âme vibra de l'ébranlement des catastrophes passées et, tout entières, ressenties par répercussion. Mais il n'entrevit pas la beauté de la femme, qu'il a tant et si vainement cherchée dans ses harems, où des corps mous et pléthoriques se déhanchent parmi de rances colorations. En Afrique, il n'aurait dû s'arrêter que devant les convulsionnaires ou les fantasias folles

et ne pas s'attarder aux repos lascifs des
oasis. Il eut l'intuition des épopées terribles
et des martyrologes; mais il s'épuisa vai·
nement à la recherche de la majesté sereine
et divine. Il resta fermé aux tendresses et
aux douces extases. Il eut les âpres joies,
les tressaillements de ses créations héroïques et funèbres; il ne connut point le
bonheur intense et calme des familiers du
foyer et de la nature.

Pauvre grand artiste! ta face ravagée expliquait tout cela, ta face sublime selon les
dramaturges que tu n'aimais pas, laide pour
le monde que tu recherchais, ta tête de
souffrance, ta tête de lion malade... Tu fus
malheureux, car tu fus le persécuté de ton
génie. En vain tu rêvas la beauté pure, elle
t'a fui. Le *Dante,* les *Massacres de Scio,*
l'*Entrée à Constantinople,* le *Naufrage
du Don Juan,* l'*Assassinat de l'Évêque de
Liège,* le *1830* et par-dessus tout le *Boissy
d'Anglas,* tels sont les drames superbes
dont l'infinie puissance, ô révolutionnaire à
l'existence si rangée, t'assurent une des

plus belles gloires de l'art! Le romantisme dans les lettres et dans la musique inspira plus d'un génie, mais, en peinture, Delacroix me semble son seul représentant vraiment illustre. Il n'eut pas d'élèves qui le continuèrent. Il ne commençait rien, il réalisait la plénitude d'un art très particulier.

Les Johannot, les Devéria, Louis Boulanger, à qui Victor Hugo et Théophile Gautier consacrèrent des odes célèbres, et tant d'autres, qui firent du bruit jadis, n'ont plus pour nous de signification vivante. On ne regarde guère aujourd'hui cette fameuse *Naissance de Henri IV* qui passionna un instant l'opinion.

Le camp des romantiques chercha en vain à ériger en système, à établir en théorie ce qui était insaisissable, pure émanation géniale. On fit grand tapage, on se disputa pour des nuances à peine appréciables. Les plus ardents portèrent des cheveux démesurément longs, des pourpoints, des souliers à la poulaine; rien n'évoqua l'inspiration féconde; tout était dit par le maître; il n'y avait plus rien à trouver dans sa voie et l'on fut réduit à des imitations nulles d'intérêt. Cependant des talents mixtes cherchaient à concilier la couleur de Delacroix avec la forme des dessinateurs. Nous les retrouverons plus loin.

J'ai hâte d'arriver à un artiste d'une intransigeance étroite, digne de se dresser comme adversaire devant le grand romantique qu'il combattit tout en répudiant les préceptes de son propre maître David. Il s'agit d'Ingres, que l'on continue, longtemps après sa mort, d'appeler M. Ingres, comme on dira toujours M. Thiers, parce que tous les deux avaient un aspect très bourgeois. Le sculpteur Préault, homme d'un talent fantasque, mais d'infiniment d'esprit, avait trouvé un mot double qui a fait fortune : « M. Ingres est un Chinois égaré dans Athènes, et Pradier part tous les matins pour la Grèce et arrive tous les soirs au quartier Bréda. » La seconde moitié du mot est absolument juste, la première ne l'est qu'en partie. Un Chi-

nois, je le veux bien, par instants, car l'œuvre
de notre peintre contient véritablement plus
d'une chinoiserie. Mais qu'il se soit « égaré
dans Athènes », ceci est une erreur contre
laquelle je proteste de toutes mes forces.
J'ignore si Ingres alla vers la Grèce, ou si
c'est la Grèce qui vint à lui, par l'importa-
tion de ses moulages et de certains de ses
chefs-d'œuvre ; ce que je sais, c'est qu'il
connut la glorieuse cité des arts anciens et
que, loin de s'y égarer, il alla droit son
chemin vers son vrai sanctuaire. Il ne se
laissa pas séduire par les héros de la décadence chers à David, non! un trait de
lumière le conduisit aussitôt au point cul-
minant de l'Acropole où trône Phidias, toujours roi de la forme, après tant de siècles
de ruines. Il comprit ce divin interprète du
Beau et, en présence du dessin vivant et
superbe retrouvé, il jura d'en être le pontife. Il a tenu parole. Il faut ajouter qu'auparavant il avait pris conseil de Raphaël.

J'ai employé le mot pontife sans y ajouter
malice ; il fut le grand prêtre d'un culte

renaissant. Ingres avait d'ailleurs dans tout son être une apparence sacerdotale. Je sais bien que sa silhouette, un peu ridicule, aurait pu convenir à un vulgaire sacristain, avec son profil aux jambes courtes, aux bras trop grands, et cet embonpoint qui le bombait par devant, tandis que, de la nuque droite, son dos descendait en ligne directe jusqu'aux talons, sans un pli de la longue redingote. Mais, dès qu'on avait vu son beau front et ses admirables yeux noirs chargés d'éclairs, on croyait se trouver devant un pape de génie.

Le mot génie n'est pas excessif; car, si ce génie fut étroit, il en acquit une plus profonde pénétration. Tout un côté de l'art lui fut fermé; mais cela importait peu à sa mission. Le fanatisme fermé est bon aux initiateurs. Il s'insurgea contre les faux dieux et, nouveau Polyeucte, il abattit leurs idoles aux faces solennelles et nulles qu'aucun souffle de vie ne dérange. Et, dût sa mémoire être accusée de sacrilège, la vérité me force à dire qu'il n'épargna ni l'*Apollon du Belvédère*, ni le *Laocoon*, ni la *Diane au faon*, ni même la *Vénus de Médicis* qu'adorait Canova. Ce fut une consternation dans l'Olympe. A la forme enseignée par David, avec ses muscles ronds comme des moulures, avec les cheveux et les favoris bouclés en volutes, il substitua le dessin de la vie, souple et varié, les modelés pleins, les articulations flexibles, avec je ne sais quoi de noble dans l'accent vrai. Il ne chercha pas à corriger la nature d'après une convention; au contraire, il en simplifia les images tout en les accentuant dans leur sens individuel et expressif. Il fut surtout un peintre de morceaux; il en a fait beaucoup de superbes, que tous les artistes connaissent, tels que le portrait de *Bertin*. L'*Apothéose d'Homère* est d'une belle ordonnance, un peu froide. Le *Saint Symphorien* me semble accuser une trop grande préoccupation d'étaler des muscles : mais le martyr et sa mère qui l'exhorte sont d'une très simple et noble allure.

Hélas! il arrive aussi à Ingres de se

laisser aller à des pauvretés enfantines, à des recherches maniérées, comme sa *Vierge à l'hostie,* ou même nulles, comme sa *Jeanne d'Arc,* où tout est en zinc, sauf la cuirasse qui est en carton. C'est ici qu'apparaît « le Chinois ».

Mais ce qui est incomparable, ce qui n'avait jamais été fait avant lui, que nul n'a refait ni ne refera, c'est la collection de ses merveilleux portraits à la mine de plomb. Tandis qu'il n'y indique les vêtements que par des traits simples, souples et sûrs, il apporte aux têtes le modelé le plus ravissant, fondu dans des miracles de physionomie. Toutes marquent leur temps, elles en exhalent l'esprit tout en gardant leur souffle individuel. Elles vivent bien à l'instant précis, et elles sont éternelles par la magie de l'art. Ces costumes, ainsi traités d'une pointe absolument attentive, montrent toutes les habitudes des corps. Les modes ainsi dessinées, si étranges qu'elles soient, ne paraissent jamais surannées.

La meilleure gloire de David est d'avoir

commencé Ingres, et pour récompense,
celui-ci l'a démoli, à ne pouvoir se relever.
Ce fut bientôt un anéantissement complet.
On entendait dire de toutes parts : « Qui
nous délivrera des Grecs et des Romains? »
On ne voulait parler ni des vrais Grecs ni
des vrais Romains, mais de ces faux héros
qu'à leur place on nous avait si longtemps
servis. Au contraire, on fouilla davantage
l'histoire et les productions de l'art antique.
Les vases grecs peints, depuis longtemps
au Louvre et qui étaient restés presque inconnus, apportèrent mille renseignements
de mœurs, de costumes, d'objets usuels,
d'élégantes armures, de casques aux nobles cimiers, et passionnèrent la jeune école
qui s'était appelée *néo-grecque*. Ces trouvailles intéressantes, évoquant la vie antique, achevaient de rendre ridicule tout le
régiment de ces guerriers fameux, entièrement nus, n'ayant pour protéger leurs
membres en boudins, qu'un bouclier et un
casque de pompier. Nous étions alors igno-
rants et présomptueux dans notre ardeur

aventureuse et néanmoins pleins de conscience et de sincérité : on nous pardonnera les gorges chaudes dont nous saluions le départ des faux dieux vaincus.

Un de nos amis, le paysagiste Nazon, homme de beaucoup d'esprit, qui alors exposait avec succès et qui, à côté de ses tableaux, faisait de jolis vers, imagina un jour, à l'exemple de Lemierre, un poème sur la peinture ; et, prenant pour point de départ cette époque encore indécise, malgré l'éclat de quelques génies, mais, à coup sûr, fatiguée des froids classiques conventionnels, Nazon commençait son premier chant par cet hémistiche (le seul d'ailleurs qui eût pris forme) :

« Enfin David mourut... »

II

Si nous considérons une autre face de l'époque de la Révolution, nous voyons que, surtout sous l'influence de J.-J. Rousseau, l'un de ses précurseurs, elle eut de fréquents élans de cœur vers la nature. Mais ce sentiment ayant subi, comme tout le reste, l'influence de ce temps qui ramenait tout au mythe, prit la forme d'une simple abstraction allégorique. La nature apparut comme une sorte de maternité des peuples, entrevue à travers les dogmes, farouche et jalouse, donnant au républicain ce qu'il réclamait : « le fer et le pain », et qui, entre deux émeutes, garde encore d'une main la pique des combats, tandis que de l'autre elle tend sa mamelle gonflée de lait amer. La Nature, ainsi comprise, ne répond nullement à l'idée que nous nous en faisons aujourd'hui et que nous allons étudier.

Nous venons de constater, j'y insiste, une contradiction qui nous montre une époque brûlante de passions sublimes ou criminelles, s'exprimant presque toujours dans un style enflé, lorsqu'il n'est pas trivial et grossier, et se personnifiant dans une mythologie surannée qui n'a plus rien de la poésie des sources divines auxquelles elle a été empruntée. Nous avons vu l'abus même de cet art de convention ramener les artistes à des accents de vie et de vérité ; puis, dans sa fiévreuse et inconsciente inspiration, Eugène Delacroix insuffler à la peinture une vaillance nouvelle, lui apporter des palpitations et des frissons inconnus ; Ingres, enfin, ce bourgeois de génie, avoir bientôt raison du dessin glacé et rond qui avait la prétention d'exprimer la forme humaine et, réveillant Phidias, lui demander le secret des vivantes souplesses et des accents variés ; nous allons maintenant nous occuper de ceux qui nous ont révélé de nouvelles ardeurs, de nouveaux sourires, de nouvelles mélancolies de la nature, non plus considérée comme simple décor à peine entrevu derrière les convulsions humaines, mais observée par des solitaires, dans ses côtés intimes et éternels...

. . . .

L'art se développe surtout aux temps de repos qui succèdent aux agitations, aux bouleversements. Les orages, en déplaçant

les limons, en charriant les détritus, après
avoir détruit, donnent la fécondité à des
terrains arides jusqu'alors : c'est ce qui arriva. Après ses fureurs, ses conquêtes so-
ciales, sa gloire militaire qui étonna le
monde, la France vaincue, blessée, reprit
une vie nouvelle dans des langueurs et des
attendrissements de convalescente. Pour
les âmes tendres, ce fut un renouveau béni
dans la délivrance de sanglants cauchemars.
La terre reverdit. Une aurore vermeille
rayonna parmi les rêves de l'horizon.

Je suis, comme tous les vieillards, désa-
busé de bien des choses, mais je bénis le
ciel d'avoir permis à mes yeux naissants
d'entrevoir tant de doux réveils à travers la
brume de mon berceau et les premières
clartés de ma jeunesse. Alfred de Vigny,
Lamartine, Victor Hugo, Eugène Delacroix,
commençaient de s'élever comme des astres. Mme Récamier personnifiait l'idéale
beauté; Chateaubriand rayonnait, irisé
comme le soleil du soir. Tout effort consolateur se tournait vers la nature et s'y pu-

rifiait. Tout, jusqu'à la licence, revêtait je ne sais quelle apparence attendrie. La grisette même, Lise, respirait la poésie des bosquets de Romainville; la vulgarité bourgeoise, avec la Muse de Béranger, s'y enivrait d'un parfum de lilas.

Quel beau temps!

Un art finit, un autre resplendit à son apogée, et semble en appeler un troisième pour s'y modérer et ne pas mourir de pléthore : ce dernier s'inspirera de l'immense amour de la nature qui va régner partout, dont l'idée pénètre à travers les obstacles jusqu'aux pauvres villages.

Or, l'amour de la nature, ici, ne s'adresse plus à un mythe, ce n'est plus un culte simplement abstrait; c'est cet incomparable tressaillement qu'excite, dans les cœurs, le grand concert des éléments avec leur vie, leur caractère, leurs vibrations et leurs accords. La France épuisée aimera aussi la nature comme on aime une mère qui ne voit ni les gloires ni les fautes de son enfant, mais seules ses angoisses et ses plaies vers lesquelles elle se penche, dévouée tout entière à leur guérison. C'est passionnément que l'art se tourna vers elle.

On dira que cet amour de la nature est de tous les temps, qu'il existe chez tous les êtres. Je le sais! Cependant, chez beaucoup de gens, cet amour n'est qu'une sorte de rêverie purement passive, comme l'attrait d'une digestion insubstantielle et voluptueuse. Les animaux, les végétaux la connaissent aussi, cette joie qui fait tout exulter par les belles journées, les fêtes du soleil. L'anémone de mer, les plantes comme les hommes, s'épanouissent à la douceur des rayons et, par les mauvais jours, se crispent dans la tourmente. C'est ainsi que tous les éléments savourent l'universel amour, cette suprême consolation des éternelles douleurs.

Mais ce n'est que dans le recueillement de la paix, surtout après les secousses convulsives, que cet amour en engendre un autre, source des arts, celui des poètes et des peintres, qui ne se contente pas de s'emplir les yeux de l'ivresse des ciels et des fleurs, mais qui s'intéresse aux formes, aux couleurs, aux harmonies, qui fouille le monde, qui y cherche une âme qui le féconde; je parle de l'amour qui crée.

Et c'est une bonne fortune pour cette passion créatrice que de pouvoir s'exercer sur des pays et des êtres primitifs et dans des centres d'ignorance. Elle fut sous ce rapport servie à souhait. Car, malgré les quelques grands noms cités plus haut, au moment de la chute de l'Empire, le peuple, la bourgeoisie et les académies de province étaient revenus à l'innocence première en fait d'art. Le règne des héros n'est pas celui de l'esthétique. Rien n'en éloigne les ambitions comme de les tourner vers la gloire des conquêtes. Napoléon Ier n'aimait pas les idéologues. Il chantait faux et la peinture n'avait pour lui qu'un but : propager sa gloire. Il exila l'admirable Mme de Staël, esprit supérieur qui, avec tous les défauts emphatiques de son temps, eut un sentiment élevé de la nature et des arts.

C'était le temps des psychologues et des critiques allemands ; elle les connut, notamment les frères Schlegel. Ils prêchèrent dans le vide. Quelque illustres qu'ils fussent, que pouvait-on recueillir de leurs traités diffus et nébuleux ! pas même ce demi-jour dont parle Corneille dans la langue pressentie de Victor Hugo : « Cette obscure clarté qui tombe des étoiles. » C'était donc dans le public l'ignorance complète. En vain, les principaux chefs-d'œuvre de l'Europe affluaient au Louvre, ils n'éclairaient pas l'opinion. Les erreurs les plus singulières s'étalent dans les catalogues et leurs suppléments souvent nécessaires à cause de l'arrivée d'œuvres nouvelles. Celui de 1810 classe Rubens, Rembrandt et P. Potter parmi l'école allemande !

Mais cette obscurité, je le répète, se trouva propice aux chercheurs qui allaient expérimenter de nouvelles lumières. On était hors des courants de vérité, mais aussi des préjugés routiniers. Les chemins étaient déblayés.

Pendant la Restauration, ce fut comme une aube nouvelle dont la lueur s'étendit insensiblement jusqu'aux petits centres de province, dont elle dissipa peu à peu la brume épaisse.

On ne se figure pas jusqu'où allait l'ignorance des milieux où se passa mon enfance. Je me souviens, au temps de ma jeunesse, que les bourgeois en étaient encore à cette affirmation qu'ils croyaient flatteuse, lorsqu'on leur montrait un tableau : « Que de coups de pinceau ! » ou à cette question : « Ce qu'il y a de plus difficile, n'est-ce pas le mélange des couleurs ? — Non, répondait un connaisseur, c'est l'écaille du poisson. » Telle était l'idée que se faisaient de l'esthétique des professeurs, des avocats, des médecins. Sauf à Paris, on n'était guère plus avancé dans les grands centres. Partout on admirait le miracle du trompe-l'œil, que les procédés photographiques étaient encore loin d'avoir détrôné. La moindre imitation réussie avait du prestige. Maintenant les enfants eux-mêmes n'y sont plus pris. Ils entrent en plein dans des raffinements d'art. Ils y perdent d'ailleurs les étonnements et la joie de trouver par eux-mêmes des expressions imprévues.

Je me souviens qu'à l'âge de huit ou neuf ans, dans mon jardin, par l'ivresse des rayons et des reflets, parmi les papillons, les bourdons et les abeilles et les parfums de réséda, quelle incomparable volupté me prenait rien qu'à essayer le dessin d'une branche de pêcher, lorsque, peu à peu, je voyais apparaître sa forme sous mes doigts. Je sortais à peine de l'enfance lorsque je visitai une exposition à Bruxelles. Mes yeux ne rencontreront jamais plus pareille fête. Je tombai en extase devant des choses nulles, rien que parce qu'elles me paraissaient naturelles.

A Bruxelles, des paysagistes s'étaient remis à l'étude des sites champêtres assez mesquinement ; à côté d'eux, les peintres d'histoire, élèves de David exilé, en étaient encore aux parodies de la *Vénus de Médicis* et de l'*Apollon du Belvédère*.

A Anvers, le romantisme régnait avec la majesté sans façon d'un roi d'Yvetot. L'ombre de Rubens devait sourire.

On le voit, après les trois ou quatre grandes personnalités dont j'ai parlé, c'était presque le néant. Quelques éclectiques très sages, néanmoins, commençaient à apparaître. Mais, partout, on se reprenait d'amour pour la nature et l'on prévoyait, à quelques symptômes, la venue prochaine d'un autre art. Tel, à quelques futiles épaves inconnues, Christophe Colomb pressentit un nouveau monde.

Chateaubriand, Bernardin de Saint-Pierre et Lamartine ont plus fait que tous les autres pour répandre la lumière en montrant ces harmonies de la nature qui préparent à l'intelligence des arts du dessin.

C'est alors que Fontainebleau, à l'abri de ses chênes et de ses hêtres, vit naître l'admirable colonie de ses paysagistes. Et ceci eut lieu en même temps que le triomphe du romantisme.

La naissante école, à peine remarquée d'abord, devait grandir et le remplacer.

Notez bien qu'en ce temps-là, l'art ne courait pas les rues comme aujourd'hui. Ses vraies manifestations étaient rares, et les niaises, discrètes. On n'y mettait pas de malice : le rendu pour le rendu. Avant Daguerre, je viens de le dire, n'était-ce pas déjà très beau, que d'imiter servilement un objet quel qu'il fût? C'étaient des étonnements même devant la réalisation d'une plate vérité. On recherchait des transparences inutiles, des touches subtiles, l'habileté manuelle, les tons *chauds*. Ah! si l'on revoyait une exposition d'alors à côté des nôtres de maintenant; quel progrès accompli! Mais avons-nous plus de chefs-d'œuvre? plus d'inspirations exquises?

La production s'est multipliée de plus en plus dans une précipitation, une facilité de moyens toujours croissantes. Tout le monde se figure avoir droit au talent aujourd'hui. L'art a mille caprices et mille audaces qu'il étale au public avec la plus insistante prodigalité. Il s'affiche sur tous les murs, il s'impose jusqu'à la satiété, jusqu'au dégoût. Alors où le fuir? Il vous poursuit partout; vous le retrouvez dans les gares, le long des voies ferrées, mêlant sur de provocantes enseignes ses notes les plus violentes à la douceur des champs. Il ne vous laisse aucun repos, c'est une hantise qui vous obsède. Au fond du plus humble village, vous trouverez toujours quelque vieille chaumière affligée de quelque affiche tapageuse.

C'est comme le nez de Bodinier : Bodinier était un peintre chez qui la nature avait exagéré cet appendice. Un jour, il vint aux rapins la fantaisie de dessiner ce nez sur de nombreux murs de Paris. L'artiste partit pour l'Italie, mais à chaque étape de son voyage, il retrouvait, sur quelque pan d'édifice, sur quelque tronc d'arbre, le fameux nez accompagné d'une main indicatrice; et cela se continua jusqu'en Sicile, puis en Égypte, et lorsqu'il fut arrivé à la deuxième cataracte, il était toujours là, sur le rocher où finissait la route, ce nez inévitable, précédé de la main qui montrait le désert. Oui, aujourd'hui l'art et ses mille complications fantaisistes et funambulesques envahissent le monde entier. O sainte simplicité, où te trouver encore? Elles sont de plus en plus rares, ces thébaïdes propres à l'éclosion des âmes prédestinées aux arts et où, après leurs études dans les musées, les peintres pouvaient s'isoler au fond d'une nature gardant son caractère primitif et ses harmonies éternelles, loin des affiches criardes, des villégiatures vaines, des cabines des plages. C'est dans la plus silencieuse de ces thébaïdes, hélas! méconnaissable aujourd'hui, qu'au milieu d'une zone d'ignorance profonde, je m'ouvris aux premiers rayons de l'art qui m'arrivèrent insensiblement.

Souvent j'interrompais mes jeux pour écouter les entretiens de mes parents sur les faits et les préoccupations du moment dont ils suivaient les péripéties dans diverses publications de Paris. Aux murs solitaires de notre jardin, ils avaient entendu, mêlés au

bruissement familier des choses de la nature,
les échos merveilleux du canon des grandes
journées de Juillet tandis que j'étais encore
au berceau. Mais bientôt les ardents combats qui passionnèrent les arts et les lettres,
murmurèrent à mes oreilles d'enfant, ru-
meurs de marée montante qui nous arri-
vaient par les chaudes journées, dans le recueillement des crépuscules ; harmonies
mystérieuses dont j'ignorais encore le sens
et qui n'en vibraient pas moins dans mon
jeune cerveau avec les trépidations des cigales ; c'étaient les accords lamartiniens, les
rêves irisés de Chateaubriand, les roule-
ments de tambour de Barbier et les sublimes métaphores de Victor Hugo, celle, par
exemple où il comparait les clartés perdues
dans l'œuvre ténébreux des sophistes, à
ces étoiles qui brillent à travers les arbres,
et qu'il ne faut pas prendre pour « les fleurs
de ces noirs rameaux », citation écoutée
religieusement tandis que le couchant
étoilait les bosquets sombres du jardin ; et
je sentais déjà la différence entre sa beauté

et celle des classiques où j'apprenais à lire.

Plus tard ce furent les effets de chambre noire, les effrois macabres d'Eugène Süe; les rodomontades et les témérités héroïques d'Alexandre Dumas. J'étais moins renseigné sur les choses de la peinture. Cependant Thoré, dans la *Démocratie pacifique* qu'on recevait à la maison, nous racontait, à propos des salons, combien étaient chaudes les disputes des Ingristes et des fanatiques de Delacroix. Je n'entendais rien aux théories de Thoré, mais il s'agissait d'art, ma passion, et, au milieu de mon éden solitaire, les périodes confuses de l'écrivain n'en bourdonnaient pas moins délicieusement à mes oreilles. C'est par lui et dans ces conditions exceptionnelles que j'appris l'existence de l'admirable colonie des paysagistes que l'amour de la nature retenait au fond des retraites champêtres et des bois. Je devais ne pas tarder à les connaître et à les aimer.

III

Camille Corot, et ensuite Théodore Rousseau, furent des novateurs modestes, inconscients à leurs débuts. C'est plus récemment qu'est née, dans quelques esprits trop aventureux, l'absurde prétention de créer un art de toutes pièces. Nos deux futurs grands peintres consultèrent d'abord les maîtres anciens dont ils pénétrèrent le sens. Pour voir plus loin, pour découvrir de nouveaux horizons, il faut se placer sur les plateaux déjà conquis. Sans cela, c'est se condamner à errer dans l'obscurité barbare pour ne jamais en sortir.

Les maîtres de Corot furent le Poussin et Claude Lorrain qui, lui-même, procède du peintre des Andelys. Poussé par un sentiment irrésistible, par un profond et tendre amour de la nature, lorsque le jeune Camille pouvait s'échapper du triste magasin de rouennerie où son père le retenait prisonnier, on se le figure courant au Louvre, d'abord vers Claude, plus éclatant et dont les rayons d'or et les élégantes silhouettes durent souvent le consoler des pauvres lignes du comptoir et des sombres *rayons* de la boutique natale. En fils soumis, il y revenait pourtant, à cette triste boutique! Il attendait, il patientait. Il nous l'a raconté lui-même, à notre table à Courrières, en 1861, et avec quelle verve charmante, mis en train par une vieille bouteille de bourgogne qu'il savourait en délicieux épicurien.

Il avait déclaré à son père sa formelle résolution d'être peintre. A chaque jour de l'an, il lui en faisait la nette déclaration. M. Corot, l'inébranlable négociant, répondait invariablement : « Retourne à ton magasin! » C'étaient là toutes ses étrennes. Camille retournait à son magasin. Mais un jour, à bout de patience, le bon fils, depuis longtemps majeur, déclara, avec la douceur d'une résolution définitivement prise, qu'il n'y retournerait plus. M. Corot répondit tranquillement : « C'est bien ! je te ferai quinze cents francs de rentes, pas un sou de plus ! » Et il tint parole. Et Corot qui était la charité et la générosité mêmes, il l'a mille fois prouvé depuis, Corot dont on savait la famille riche, passa longtemps pour un avare lésinant sur les cadres de ses tableaux. Je dis longtemps, car il avait plus de soixante ans lorsqu'il perdit son père que l'entêtement semblait éterniser.

Donc, désormais, il sera pauvre mais libre. A son aise il retourna au Louvre accoutumer ses yeux aux lignes harmonicuses, imprégner son âme à la magie solaire du *Débarquement de Cléopâtre;* plus tard, se recueillir devant la pensée plus haute, la poésie épique du Poussin. Je crois ressentir son ravissement à contempler les admirables fonds de *Ruth et Booz,* de la *Terre promise,* avec leurs naissants orages accrochés, dans leur agglomération électrique, aux pitons des montagnes encore baignées des lueurs vierges de la création. Il reconnaîtra son ancêtre dans le peintre d'*Apollon amoureux de Daphné*, ce chef-d'œuvre inachevé, où des groupes de l'âge d'or respirent un divin crépuscule, d'aériens mystères, inconnus auparavant et que le jeune élève n'oubliera jamais. Et il aura son atelier modeste où abriter ses rêves; d'où il pourra s'échapper à toute heure du jour, pour aller « courtiser la belle dame » (c'est ainsi qu'il appelle courtoisement la nature), la surprendre à son petit lever dans la brume des aurores, dans l'ardeur des midis, et encore dans la mélancolie des couchants vermeils.

Corot fut attiré par l'Italie comme le Poussin dont il retrouva le souvenir vivant, dont il suivit les traces sur cette grave campagne de Rome qui dort, dans l'immobilité et le silence, le sommeil qui la repose de tant de gloire et de tant de bruit. Son séjour préféré fut toutefois le lac de Nemi, où les barques amarrées s'enchevêtrent dans les lianes suspendues des aunes gigantesques qui se mirent, couchés tout au long, sur la tranquillité de l'eau. Que de fois il a dù évoquer le souvenir de Tivoli et de Nemi, par les matins brumeux, dans les rêves de sa villa de Ville-d'Avray assise au bord de l'étang. Il retrouvait là les aunes et les saules penchés sur l'eau, les frais ombrages d'où émerge un pavillon comme une réminiscence de la Sibylle, les hauts peupliers antiques et le soleil criblant les pelouse d'une pluie d'or.

C'est là que, les yeux tournés vers l'étang, son buste écoute chanter les oiseaux.

Je le revois là, tel qu'à Courrières, le long de la Souchez, lorsqu'il m'est venu, déjà vieillard, encore candide, ému, adorant le beau sous toutes ses formes, passant de ses enthousiastes soubresauts à d'enfantines déclarations d'amour pour la moindre fleurette.

Tout le monde a vu le portrait de Corot que la photographie a multiplié, « sa pipette » à la bouche. Il attire par une fine bonhomie de fermier campagnard, des éclairs de bonté et d'intelligence dans les yeux brillants sous une couronne de cheveux blancs, le front toujours serein ; le nez mobile ; une grande suavité sur les lèvres arrondies en une sorte d'extase, dont les coins ne se relevaient jamais, même pour sourire. Tout en lui était charme, simplicité, effusion naïve. Ceci explique l'étonnement d'un cultivateur chez qui nous entrâmes un jour, à Arleux dans le Nord. Ce brave homme qui avait entendu parler du grand peintre bien connu dans la région, l'aborda en ces termes, étonné d'une telle simplicité : « Comment, vous êtes M. Corot ? le grand Corot, le Corot des journaux ? — Oui, mon ami. — Eh bien ! monsieur Corot, on est fier, on est *hureux* de voir dans Arleux, des gens sérieux, des gens prononcés, des gens conséquents ! »

Pas plus que Corot, Th. Rousseau ne fut un novateur absolu.

Nous avons vu d'ailleurs qu'on n'en trouve aucun dans toute l'histoire de l'art. Nous verrons plus loin quels sont les travaux de ceux qui eurent cette prétention.

Th. Rousseau, comme l'Anglais Constable, semble au départ s'inspirer des hollandais Ruysdael et Hobbema. C'est dans la forêt de Fontainebleau, à Barbizon, qu'il développa son originalité très profonde et très variée. Je l'ai bien moins connu que Corot. Je l'ai vu au jury de l'exposition de 1867, à son déclin. Il était haut en couleur, d'une stature fortement charpentée. Les cheveux et la barbe, qui avaient été très noirs, grisonnaient. Il avait un défaut de prononciation faisant siffler les *s* dans sa salive. Son extérieur, un peu rustique aussi, n'éveillait pas l'idée d'un artiste ; il eût pu, aux yeux d'un observateur à courte vue, passer pour un bel huissier de province. Le charme se révélait dans ses yeux de chevreuil, bruns et veloutés, au fond desquels on sentait sourdre des éclairs voilés comme des rayons sous bois.

Timide, un peu farouche, il s'animait entre intimes, prompt aux épanchements d'une généreuse ardeur de prosélytisme, se résumant en d'ingénieuses formules.

Têtu dans ses recherches et ses luttes

opiniâtres, lorsqu'il travaillait en forêt, il restait des heures sur son pliant, couvert d'un manteau feuille-morte, le cou obstinément ployé par une attention qui ne relevait que les yeux, la tête dérobée sous un chapeau de paille à larges bords cachant ses épaules, et si immobile, m'a dit Français, qu'il avait l'air d'une ruche. Ah! si l'on avait pu voir les essaims de pensées qui, comme des abeilles, s'en échappaient! Après ces longues séances, il courait, se mettait en transpiration, puis changeait de linge dans la forêt.

Son père, un brave tailleur qui habilla Louis-Philippe et Rouget de Lisle, venait tous les samedis à Barbizon. C'était l'occasion d'une moisson de bruyères qu'il vendait à Paris. Il ressemblait tellement au Roi-citoyen qu'Ary Scheffer le fit poser pour le portrait officiel tant copié.

A ses débuts, Rousseau, comme tous les vrais artistes, insoucieux des intérêts matériels, travaillait gaiement sous l'étroite fenêtre à tabatière d'une sorte de soupente.

C'est là qu'il commença à résumer, dans de petits chefs-d'œuvre, les observations de ses promenades à la campagne. Jules Dupré vint l'y voir. Pris d'enthousiasme, il témoigna à Théodore toute son admiration, chaleureusement, avec ces élans de joie désintéressés qui sont ce qu'il y a de plus doux au monde. Ils s'embrassent, ces deux chercheurs acharnés et destinés à la gloire. Et Jules dit à son ami : « Comment, tu travailles dans ce trou ! »

Il était beau, noble et généreux, le moins pauvre des deux : il loua un atelier et l'offrit à Rousseau.

Est-ce dans cet atelier que Troyon, cet autre grand peintre, le surprit peignant l'un de ses plus vibrants tableaux : *le Givre ?*

— Mon petit Théodore, tu as fait là une merveille ! s'exclama-t-il.

— Eh bien ! répondit notre paysagiste, si tu connais un amateur qui veuille y mettre 800 francs, je lui lâche cette toile.

— Tu plaisantes !

— C'est que, vois-tu, j'ai besoin de cette somme.

Troyon se tut, mais de retour chez lui, il prit dans un tiroir huit billets de cent francs, les enveloppa dans une lettre et fit aussitôt porter ce petit paquet à son camarade, par un commissionnaire.

Quelle fut la réponse de Rousseau ?

Il mit sur le dos de l'homme le fameux *Givre* en lui disant : « Portez cela à M. Troyon. » Ce dernier s'en défendit en vain, il fut forcé de le garder.

Grands artistes, grands cœurs ! O belle époque toute frémissante d'enthousiasme et de générosité !

Nourri des anciens, Rousseau fut dans toute la force du mot un initiateur. Il apporta plus d'éléments nouveaux que Corot lui-même ; sans avoir ni l'un ni l'autre, je le répète, l'absurde prétention de vouloir remettre l'art en question.

Corot, élève du Poussin, avec son goût attique et ses attendrissements candides, éveille comme les souvenirs d'une enfance

qui aurait grandi sur les bords de l'Ilissus.
Il a des ingénuités d'exécution qui feraient
croire à une main inexperte. Ne vous y
trompez pas! Cette main hésitante en apparence obéit à l'esprit le plus sûr, le plus
fin. Il a le sentiment des masses, pas un
détail superflu. Qu'il file une branche sur
un ciel d'argent, qu'il estompe un mystérieux réduit, qu'il pique une fleurette, il
donne à tout sa juste signification, il met
tout à sa place. Oui, c'est un Athénien attendri par une nervosité moderne. Corot fut un
heureux créateur. Il disait lui-même en dé-
roulant ses études, revenu à l'atelier : « Devant la nature je suis un petit garçon, mais
ici, je suis le bon Dieu! » Il fut infaillible et
heureux.

Rousseau fut hautain et farouche. J'adore
le premier, je préfère le second. Tandis que
Corot, toujours alerte, chantonne et, tout
en fumant sa pipette, s'épanouit en merveilleux poèmes de fraîcheur et de tendresse,
que son extase exulte et s'évapore en efflorescences pures, en symphonies aériennes,

Rousseau, dont le cerveau fermente, grisé
par les troublants aromes de la terre, trouve
une insatiable volupté à fouiller les éléments
pour en extraire cette intensité d'expression
qui est l'essence de l'art. A l'affût comme
un faune, ardent à saisir dans le vif tous les
fuyants effets de la nature, il les guette au
passage. Il est peu sensible à la permanence
des effets coutumiers. Il lui faut la passion
avant tout : Par d'aigres printemps, ce sont,
baignés de chauds effluves, des halliers dont
la verdure s'exaspère aux rayons aigus,
dans des efflorescences capiteuses. Ou bien
ce sont des frondaisons fauves, pareilles à
des robes de tigres, pleines de rayons et
de nuit; des orages d'autant plus sinistres
qu'ils cuvent, encore immobiles, leurs fureurs électriques; ou encore des aurores
brouillées dans des pâleurs de conva-
lescence; enfin, des soirs d'automne em-
brasés de pourpre comme des manteaux de
rois... Hélas! ce sont aussi des défaillances,
de têtues recherches d'absolu; ce ne sont
jamais pourtant les folles extravagances des

décadents. Il se soutient toujours par un solide fonds de tradition.

Cependant, son cerveau ne résista pas toujours à tant d'émotions répétées. Comme tous les chercheurs inquiets qui doutent d'eux-mêmes, il eut des ambitions puériles, le besoin de marques extérieures. En 1867, il ne se consola pas, m'ont dit ses amis, d'un injuste oubli, à propos des promotions dans la Légion d'honneur. Cet incident auquel, plus orgueilleux, il n'eût fait aucune attention, aurait, paraît-il, avancé sa mort.

Que de fois le génie reste enfant!...

. . . .

Autour de ces deux maîtres, évoluèrent des talents divers. Les plus célèbres sont Jules Dupré, Diaz, Jacques, Cabat, Decamps, Français et Paul Huet.

Jules Dupré, comme Rousseau, rude fouilleur de la nature, s'enferma à l'Isle-Adam, qu'il prit pour centre de ses observations.

Il a son originalité propre qui atteint

souvent une réelle puissance. Il aima les prés et les marécages. Ses ruminants barbotent avec volupté dans les mares entre les herbes grasses. Il sut la magie des ciels, la solidité des terrains. Il fit rougeoyer de beaux soirs et frissonner de fraîches aurores. J'ai dit l'homme : beau, ardent, sincère, éloquent lorsqu'il parlait de son art. On connaît son généreux désintéressement. Il eut aussi des excès de conscience. Vers la fin, il s'appesantit trop sur lui-même et alourdit ses toiles.

Ch. Jacques déploya un grand talent dans ses bergeries et ses basses-cours. Il en connut admirablement les mœurs et les figures qu'il rendit parfois d'un pinceau un peu triste, un peu noir : mais toujours d'un juste caractère. Des artistes qui l'ont connu m'ont affirmé que parfois son influence a eu de l'action sur J.-F. Millet et sur Rousseau lui-même.

Millet se dessina plus tard avec une grandeur biblique et une sauvagerie particulière. Nous nous occuperons spécialement de lui dans une autre partie de cette étude.

J'ai connu Cabat, très gentilhomme, d'une correction, d'une douceur, d'une discrétion parfaites. Très fin causeur, pondéré, toujours discret, d'une honnêteté sans reproches, il m'apparaît dans le souvenir comme un des artistes les plus estimables. Telles aussi ses peintures qu'il m'a été donné de voir. Beaucoup de tact et d'équilibre. Mais nulle part, la trace de hardiesses laissant supposer l'évolution qu'on lui attribue. Il est vrai que je ne connais pas le fameux *Jardin de Beaujon* qui fit sa réputation et dont on m'a dit des merveilles.

Decamps suivit une route à part. Ce fut un grand artiste, aux nobles visions, aux rêves héroïques, aux inspirations dignes de notre illustre poète Leconte de Lisle. Mais quelle complication inutile dans sa laborieuse exécution ! Lorsque nous évoquons son œuvre, il nous apparaît rocheux, maçonné, crépi, gratté, poncé, ciselé au burin, nageant dans des glacis bitumineux, plein de hasards, grandiose cependant et passionné en dépit de toute cette alchimie de laboratoire dont les inconvénients s'exagèrent avec le temps. Le premier, parmi nos peintres, il s'inspira de l'Orient, bientôt suivi par Marilhat ; et il prêta aux scènes bibliques une couleur locale vraisemblable. Ses tableaux familiers représentent des scènes de la vie ordinaire française ou turque. Ses paysages historiques passent de l'Ancien Testament aux premiers temps barbares. Sa vie de *Samson* est d'un caractère âpre et fort ; sa bataille des *Cimbres* une immense composition, mêlée à perte de vue de figurines qui semblent taillées dans des roches d'agate, mais d'un effet inattendu et épique, avec ces éléphants chargés de tours d'où pleuvent des flèches sur des légions s'entr'égorgeant. Mais ce qui me fait croire que sa vision touche parfois au génie, c'est le souvenir de certains ciels véhémentement glorieux, où l'amoncellement des nuées se traîne en blocs d'airain que traversent les traits ardents d'un soleil tragique et qui rappellent les évocations sublimes du *Caïn* de Leconte de Lisle.

Il avait 57 ans lorsque, dans la forêt de Fontainebleau, l'écart d'un cheval lui brisa le crâne contre le tronc d'un chêne. Cette mort qui évoque vaguement Absalon et Brunehaut devait être celle de notre peintre des drames de la Bible et des temps barbares.

Paul Huet paraît procéder directement de l'école anglaise. Il se complaît aux pluies torrentielles, aux orages ruisselants dans des vallées de rousses frondaisons.

Diaz doit beaucoup à Rousseau. Il excelle surtout à exprimer le mystère des sous-bois, à faire fulgurer un éclat de soleil sur le tronc argenté d'un hêtre, dans la nuit de la forêt ; à faire chatoyer de chaudes transparences de feuillage, par les clairières, près des nappes assombries des hautes futaies constellées d'azur. Je ne parlerai pas de ses tentatives trop renouvelées et malheureuses, ayant pour objet de puérils rêves bohémiens et une mythologie nulle malgré ses prétentions corrégiennes.

Louis Français que nous venons de perdre, le vieil ami, est encore trop près de

nous pour que nous ayons la prétention
de le classer définitivement. Personne plus
que lui ne savoura la joie de vivre et ne
se répandit en effusions affectueuses. Son
art fut avant tout aimable et élégant. Étant
taillé comme un hercule, ce peintre devait logiquement avoir pour préoccupation
une sorte de grâce féminine. Tandis que
Corot, dès l'aurore, courtisait « la belle
dame », qu'il l'adorait avec une candeur
pudique ; qu'elle lui répondait par des sourires furtifs d'une tendresse infinie ; tandis
que la nature, maîtresse passionnée, capri-
cieuse, ardente, irrésistible, tourmentait Th.
Rousseau, le jetant dans mille troubles,
Français, lui, trouva en elle une amie exquise, pleine de complaisance à se laisser
aimer avec une secrète sécurité. Aussi,
jamais d'hésitation ! jamais de hâte chez
l'amoureux épicurien, modéré dans ses dé-
sirs qu'il peut satisfaire tous. Avec quelle
méthode infaillible Français établit ses
paysages, prépare ses dessous, dispose ses
masses, brode les détails ; file les bran-

ches ; y infiltre son subtil et tiède soleil aux lutines caresses ; avec quelle adresse il découpe une feuille dans sa transparence, une anémone, une églantine dont le chatoyant rayon effleure d'une caresse les pistils réveillés ! C'est un amoureux toujours élégant, voluptueux et tendre, mais sans forte passion. Aussi est-il satisfait, heureux, et d'une bienveillance affectueuse pour toute la création et pour ses amis.

Ce peintre pondéré a fait, dans sa jeunesse, deux ou trois petits chefs-d'œuvre. Il ne s'en cachait pas, et lorsqu'on lui parlait de certaine prairie italienne, exposée, je crois, en 1849, il souriait avec une satisfaction légitime et, naïvement, il appuyait sur le mot : « Oui ! oui ! un chef-d'œuvre ! »… et d'un air si sincère, si bon enfant, que personne ne songea jamais à s'en choquer. Elle était véritablement adorable cette simple prairie dont j'ai parlé ailleurs : rien qu'un fossé enfonçant, tout droit dans l'herbe, verte au bord, fauve plus loin, son eau claire qui laisse voir, entre de luisants sabres d'iris et de flexibles ro-

seaux, la terre rousse et les lichens du fond pénétrés de soleil humide ; un ciel d'argent qui
tremble entre les broussailles bleuâtres ; et
enfin, au milieu de cette douce paix, sombre
bijou de ce clair écrin, une vache noire.

Sa *Vue de Saint-Cloud* est aussi un
merveilleux tableau dont Meissonier fut
si épris qu'il voulut y mettre des figures.
C'est à propos de ce petit tableau que Français, avec ce naturel exquis qui faisait de lui
le plus amusant des conteurs, m'a confié une
anecdote intime. J'ai hésité à la donner ici.
L'ombre de Corot me pardonnera cette indiscrétion qui montre le grand paysagiste, si
glorieux à juste titre, sous un jour trop familier. Qui de nous, d'ailleurs, pourrait
lui jeter la première pierre?

Français avait loué, à Saint-Cloud, un
petit logement, deux chambres dont l'une
servait d'atelier.

Un jour Corot arriva tout frétillant avec
son petit attirail de travail. Et dans le parc
magnifique ils peignirent ensemble, se grisant de la splendeur et de l'air, de toute

cette luxuriante verdure et de leur enthousiasme. La séance terminée, on alla dîner chez le marchand de vin, où l'on trouva quelques amis. Le vin était bon, le cuisinier s'était surpassé. Le père Corot ne tarissait pas de verve. Il vidait son verre inconsciemment et des rougeurs de gaîté embrasaient ses joues sous l'ardeur fumeuse qui allumait ses yeux. De ses lèvres tombaient des mots charmants qui n'ont pas été recueillis, heureuses saillies dont il s'enivrait. Au *gloria*, son coude se heurte à celui de son voisin en versant le cognac dans son café, une habitude comique, une façon de simuler un accident pour justifier le trop-plein débordant de la tasse. Il redoubla. Français s'alarmait : « Tout beau, papa, tu sais que tu retournes à Paris ce soir ! » Interrompu dans son lyrisme, le papa, un rapide éclair d'impatience dans le regard, répondit : « Je sais ce que je fais, je ne suis plus un enfant ! »

Mais dès qu'ils eurent repris le grand air, l'élève, s'apercevant de quelque incertitude dans la marche du maître, lui prit le bras

malgré ses protestations et le poussa, non
vers la gare, mais vers sa chambre où il
s'endormit aussitôt.

Français dormait aussi dans la pièce servant d'atelier, lorsqu'il fut réveillé par des
cris. C'était Camille qui, sous l'empire de
je ne sais quelle hallucination, éclatait en
imprécations bruyantes et confuses, remuant
les meubles. Quoique fort comme un hercule, Français, qui l'avait pris à bras-le-
corps pour le recoucher, se sentit repoussé
comme par un soudain ressort et alla rouler
sur le dos à l'autre bout de la chambre. Il
se releva, saisit le maître par les poignets,
l'étendit sur le lit et, s'allongeant sur lui, le
maintint comme dans un étau. Toute résistance était impossible. Corot se calma peu
à peu ; bientôt une sueur bienfaisante perla
sur son front. Il se rendormit.

Il paraît que cette fureur de somnambule,
ces imprécations de Camille lui donnaient
une sorte de beauté fulgurante. Telle l'i-
vresse des poètes grecs qui ne quittaient
jamais leur lyre : ivresse d'Anacréon.

Le lendemain, aux premières lueurs de l'aurore, il apparaissait au chevet de son ami, ayant tout oublié, frais comme une rose...

— Comment! déjà levé?

— Tu ne vois donc pas cette auréole qui éblouit la fenêtre? je vais courtiser la belle dame!

Où sont-ils ces paysagistes que j'ai connus dans ma jeunesse?

Tous sont morts.

Le bon Français était resté le dernier; il les faisait revivre par ses récits si pittoresques, si animés. Que de fois je lui ai dit : « Pourquoi n'écris-tu pas tant de récits intéressants qui feraient la joie des lecteurs? » Il me répondait : « Oui, j'écrirai tout cela. » Il a essayé de le faire. Je l'ai vu, presque aveugle, en commencer la dictée, comme Milton, à une jeune fille pieusement attentive. Aux premières pages, la mort le prit. Il partit, emportant tout un monde plein de soleil, de rire homérique et d'aspirations chaleureuses vers le Beau!..

Ce fut comme si Corot, Jules Dupré, Th. Rousseau, J.-F. Millet, Decamps, Troyon et Courbet mouraient une seconde fois.

IV

Les artistes se désintéressent volontiers de la spéculation de la science, de l'intrigue politique et de la philosophie abstraite. La plupart n'argumentent guère. Ils voient, ils éprouvent, ils créent. Cependant, il est nécessaire qu'une émotion ait le temps de germer : ce n'est pas immédiatement que les semailles lèvent; encore faut-il ne pas bouleverser le champ, et c'est pourquoi nous avons vu les artistes de la Révolution, faute de recul et de repos, impuissants à traduire directement les tragédies de cette époque héroïque et sanglante.

Cependant, comme les grandes secousses des âmes ne sont jamais stériles, nous avons vu celles-ci se transmettre et se perpétuer, produire leurs effets naturels, et l'art se transformer et s'inspirer, d'abord, de la gloire militaire dont les épopées lointaines permettaient aux artistes plus de recueillement que l'agitation des rues. Nous avons vu ensuite les hommes, rassasiés et lassés de tant de bruit, d'orgueil et de gloire, ressentir le besoin d'affections tranquilles, humbles et profondes, et nous avons assisté, sous la Restauration, à l'éclosion d'un art nouveau remontant aux sources éternelles par l'amour de la Nature.

Toutefois les germes d'égalité semés par la Révolution n'étaient pas détruits et ne tardaient pas à renaître tempérés sous l'influence de mœurs plus douces.

Le romantisme, réveillé par la Révolution de 1830, commence bientôt à décliner, et, tandis que l'influence grecque se continue parmi les élèves d'Ingres, voici qu'à la suite des paysagistes, l'École française se tourne vers les scènes de la vie rustique et populaire. A l'amour de la Nature pour elle-même, pour ses sourires, pour ses tendresses, pour ses orages, pour sa beauté,

on associera désormais plus intimement les
êtres. **A** l'admiration de la terre se mêle-
ront la piété de la glèbe, la gratitude pour
le sillon nourricier, la pitié du pauvre.

De 1830 à 1848, ce fut comme le pressentiment d'une ère fraternelle. L'attrait
du pittoresque ne suffit plus, on veut une
expression plus attendrie où les yeux soient
moins indépendants du cœur; et aussi quelque chose de grand et de biblique. On per-
çoit, dans la création plus auguste et plus
familière à la fois, comme la présence oc-
culte du Créateur. Et l'on comprend que
l'homme, dans son association plus étroite
avec la terre, gagne en noblesse et en fierté.
Les paysages seront simplifiés, mais on les
revêtira du prestige infini des effets les plus
variés; on les animera par les travaux, les
poèmes et les tragédies de la vie. Les dé-
cors ne seront plus ces ruines surannées
qui ont tant charmé nos grands-pères, théâ-
tre obligé de leurs pastorales. Car autrefois,
sous la Régence et plus tard aussi, on avait
aimé les pastorales, mais par antithèse à

la corruption régnante, comme ragoût de travestissement et raffinement voluptueux; façon de recouvrir d'une apparence naïve les grâces mièvres et l'afféterie obscène de courtisans blasés, qui trouvaient piquant de déguiser leurs marquises en bergères enrubannées. 1848 aima les pastorales dans leur simplicité et leur verdeur. On était loin de Parny et de Saint-Lambert : Pierre Dupont chanta *les Bœufs* et le brouillard qui sort de leurs naseaux, mêlé à la buée matinale. On aima la terre pour sa fécondité; on l'aima pour tout de bon, avec ses gens, ses bêtes et son fumier. 1848 eut de vrais élans de cœur vers le peuple, vers les peuples; élans désintéressés, et non, ainsi que trop souvent aujourd'hui, calculés pour exploiter les masses ou se servir des étrangers comme auxiliaires même dans les luttes entre artistes : ce fut un mouvement général de vraie fraternité.

Mais l'étude plus approfondie de la beauté des humbles choses devait mener à la compréhension de la beauté des humbles gens. Jusque-là, ils n'avaient guère été observés, par les Hollandais et les Flamands, que sous le rapport purement pittoresque et le plus souvent grotesque. Le vieux Breughel, après s'en être souvent moqué, paraît, seul, les avoir pris au sérieux dans le poignant tableau des *Aveugles*. En France, chez Watteau, ils ne sont que des petits-maîtres travestis, et plus tard, chez Boilly, ils n'offrent aucun autre intérêt que celui d'un renseignement.

Léopold Robert, si décrié par les rapins, est peut-être le premier qui les aima véritablement et qui, impuissant à la rendre, n'en vit pas moins leur beauté, le côté noble de leurs attitudes et de leurs mœurs. Il les mit sous le ciel, leur décor naturel. Il en fit tomber sur eux les premiers effluves d'azur qui eussent frissonné dans la flamme du couchant. Il le fit maigrement, emphatiquement, je le sais ; mais je ne lui en suis pas moins reconnaissant pour la délicieuse impression que j'en éprouvai, la première fois qu'au sortir de mon enfance, je vis les

Moissonneurs au Luxembourg ! Ce tableau vient d'être enlevé du Louvre. Quand ce ne serait que pour son intérêt historique, on aurait dû l'y conserver. Il réalise le goût public d'une époque. N'oublions pas que Lamartine, Alfred de Musset, Henri Heine et autres grands écrivains l'ont hautement admiré. C'est quelque chose que d'avoir entrevu une nouvelle route vers des horizons inconnus.

On regarda aussi plus sérieusement le peuple des villes. Daumier, H. Monnier en accentuèrent certains types inoubliables, et Gavarni, d'un crayon singulièrement expressif, en a tracé une sorte d'épopée héroï-comique du plus haut intérêt. Adolphe Leleux donna, dans ses tableaux de paysans basques et bretons, une note plus intime que celle de Léopold Robert, mais il ne fit qu'effleurer un genre qui demande de profondes études. François Millet nous en donnera, plus loin, l'exemple. En 1848, il en était encore à ses premières recherches dans un caractère bâtard : un compromis entre

l'afféterie du style Louis XV et une enflure
maçonnée et molle à la fois, qui cherchait
Michel-Ange. Tel son *Œdipe* exposé dans
la galerie de bois qui longeait, alors, la
grande galerie du Louvre. Le public ne s'en
préoccupa guère. Il y avait pourtant je ne
sais quoi de troublant dans la confusion
lourde de cette toile dont une force secrète
cherchait à se dégager.

Dès mon arrivée à Paris, en 1847, je me
passionnai pour le mouvement naissant qui
entraînait une partie de la jeune école vers
les scènes populaires. Cependant, en attendant que je fusse à même d'y mêler mes recherches personnelles, je m'intéressai à
tout ce qui se faisait alors.

Il y avait, à côté des artistes dont je me
suis occupé déjà, plusieurs peintres d'histoire et de genre aux tendances diverses, les
uns inclinant vers le romantisme, les autres
restés fidèles à la tradition classique, et dont
le talent très réel demande une étude particulière que nous allons essayer. D'autres,
de moindre importance, d'un caractère plus

vague, plus fantaisiste, s'entremêlaient au-
dessous des maîtres reconnus, comme ces
parterres de fleurettes mélangées qui, dans
les jardins, entourent de plus hauts massifs.
Je dois dire que ces fleurettes n'étaient pas
toutes de la plus grande fraîcheur, et que les
tons rances y dominaient; mais il y en avait
de charmantes.

Vous connaissez tous les principaux ar-
tistes de ce temps : Robert-Fleury, Ary
Scheffer, Paul Delaroche, Hippolyte Flan-
drin, Léon Cogniet, Couder, Drölling, Bras-
cassat, Larivière, Lehmann, Gigoux, Em.
Signol, Aligny; puis de nouveaux arrivés :
Muller, Tassaert, Verdier, Th. Couture,
Gleyre, Antigna, H. Baron, Duveau, Paul
Flandrin, Glaize, Gendron, Roqueplan, et
quelques jeunes qui avaient de vifs succès :
Meissonier, les néo-grecs Gleyre, Hamon; et
Ph. Rousseau; les animaliers Troyon et Rosa
Bonheur, les paysagistes Daubigny, Maril-
hat. Mais le plus illustre des artistes d'alors,
l'enfant gâté du grand public, celui dont le
nom, propagé par les soldats rentrés dans

leurs foyers, pénétrait jusque dans les villages, car il avait longtemps retenti dans le clapotement des plis des drapeaux d'Afrique, c'était Horace Vernet.

Par autorisation royale, ce peintre si choyé suivait les armées en costume de général; double gloire! plus qu'il n'en faut pour être l'idole de la foule. Puis, il peignait des victoires et il leur donnait ce côté *trompe-l'œil* et cette exactitude de mouvement et de détail qui charmait le public ignorant encore des reproductions photographiques d'aujourd'hui. Il avait l'esprit autoritaire et l'aspect brusque et bon enfant, le verbe familier qui plaisent au peuple et qu'il avait contracté dans la fréquentation des camps. S'il était petit, sa taille bien prise, son pas alerte, son torse droit relevant la tête un peu de côté, lui donnaient une assurance toute militaire. Il portait des pantalons larges aux cuisses, serrés à la cheville, et ses redingotes affectaient la forme des tuniques. Son nez effilé, sa bouche perdue entre une énorme impériale et de très longues moustaches roussâtres, relevées en pointes, son front large et fuyant, ses yeux gris et vifs sous les arcades sourcilières proéminentes, le faisaient ressembler à un chasseur d'Afrique. Il pouvait travailler au milieu du tumulte. Il s'est représenté entre de bruyants amis, dans son atelier où l'on faisait de la musique et même de l'escrime sans paraître le déranger.

On racontait des prodiges de son habileté. Des caricatures le montraient à cheval, le pinceau à la main, brossant une immense toile au galop. On le disait ami intime de l'empereur de Russie et du roi Louis-Philippe qui, par une porte secrète, entrait parfois sans bruit dans la vaste salle qui, à Versailles, lui servait d'atelier. Un jour que l'auguste Majesté s'absorbait dans une distraction, Horace, non averti de sa présence, tout au feu de l'improvisation, l'avait, dans un malencontreux élan de recul, culbuté sur son royal revers ! On racontait cela et bien d'autres niaiseries qui font grand effet sur les badauds, puis des faits plus sérieux : « Il avait refusé de faire le portrait d'un riche financier et il donnait, à des soldats, des pages arrachées de son album. » Le sergent Cordier, natif de Courrières, et qui figure dans la *Bataille d'Isly,* m'a montré son portrait dessiné par le grand peintre et qu'il tenait de lui. On fit aussi grand bruit du portrait du *Frère Philippe, de la Doctrine chrétienne,* peint gratis, où l'on admira surtout une branche de buis accrochée au mur, près d'une fente qui, par son illusion, fit ébahir tous les bourgeois de Paris.

Jamais artiste ne fut plus populaire. On l'aimait donc en même temps qu'on l'admirait, surtout depuis ce deuil qui était venu assombrir tout ce bonheur, la mort de sa fille, dont on vantait partout l'intelligence et la beauté, que l'on se montrait avec attendrissement, dans cette *Judith* maintenant au Louvre, Mme Paul Delaroche.

Je m'étais laissé prendre à l'enthousiasme général. Je me souviens, bien que j'aimasse Thoré, combien je protestais en lisant, dans son Salon de *la Démocratie pacifique,* cette phrase irrévérencieuse à propos de la *Prise de la Smalah* qui tenait tout un côté du salon carré du Louvre : « Les *Noces de Cana* de Paul Véronèse doivent étouffer sous ce pâle linceul. »

J'étais alors en Belgique. Lorsque dans ce pays on parlait des peintres français, c'était toujours Horace Vernet que l'on plaçait au premier rang. Et quand je fus à l'École des Beaux-Arts, et que je vis, pour la première fois, arriver dans la cour l'illustre professeur, je ressentis une impression de reconnaissance de ce qu'il daignât descendre d'une si haute gloire pour s'intéresser à de jeunes rapins. Je tremblais de respect lorsqu'il arriva à moi pour corriger mon dessin et j'étais si troublé que je ne compris pas la moitié de ce qu'il me dit; il parlait, il est vrai, avec une volubilité extrême, au point de bredouiller. Le modèle était assis sur une caisse en planches, que j'avais négligée, me contentant de tracer un simple carré. Il me le reprocha et il me dit : « Pourquoi n'avez-vous pas fini cette caisse? est-elle moins intéressante que cette cuisse qui se pose dessus? Il faut savoir tout faire. » Je ne réfléchis pas alors combien cette impartialité pour le rendu de l'imitation expliquait la vulgarité du peintre; car ce qui me ravissait en lui, moi naïf, c'était justement cette sorte d'illusion qu'il apportait à tout objet : à la robe lustrée d'un cheval, à la sueur qui écume sous son harnais; au raccourci d'un fusil qui vise le spectateur; à la charge de cavalerie qui semble fondre sur lui. Ce sont là des qualités plus ou moins ingénieuses et amusantes, mais de bas étage en art et d'autant mieux à la portée des passants d'alors, mais qui aujourd'hui n'étonnent plus personne, depuis que tout le monde connaît l'extraordinaire exactitude de la photographie instantanée.

Cependant Horace Vernet connut bien le pioupiou; il le vit du même œil que le public; il l'aima, et la France lui en sera toujours reconnaissante. Il en fut l'historien *d'ordonnance* vif et spirituel. Mais il est démodé pour les artistes, tandis que Raffet ne vieillit pas, car il a donné aux soldats plus que l'apparence ; il a rendu leur caractère, leurs emportements héroïques, leurs souffrances et leur bonne humeur. De même pour Charlet, dont la *Retraite de Russie* a pris, de nos jours, plus d'importance, dans sa petite dimension, par sa poignante allure épique, que les kilomètres de toile d'Horace Vernet.

Je n'en revois pas moins toujours avec plaisir son *Assaut de Constantine*. C'est son meilleur tableau.

Quant aux sujets bibliques ou d'histoire anecdotique auxquels il s'est complu, il faut avouer que c'est banal de forme et de couleur. C'est avec regret que j'ai été forcé d'abjurer, parmi beaucoup d'autres illusions plus chères, l'admiration de ma première jeunesse pour Horace Vernet. J'ai longtemps espéré en retrouver une partie, à mes visites à Versailles. C'eût été pour moi une douceur. Mais le prisme était brisé. Il en est de même pour sa dynastie, dont une inopportune exposition réunissait tout récemment les

œuvres au quai Voltaire. Il eût mieux valu
s'en abstenir, puisqu'on ne pouvait la faire
que très incomplète. Ce fut une déception :
quelques toiles assez justes de Joseph ;
presque rien de Carle et fort peu de chose
d'Horace. On y revit le portrait du *Frère
Philippe,* que je viens de mentionner, et
on eut peine à s'expliquer le grand reten-
tissement d'autrefois. Tout le monde fait
mieux aujourd'hui. Et cette branche de
buis, et cette fente au mur, tant admirées
par les badauds, jadis, on ne les regardait
plus... Comme les préoccupations sont, à
présent, plus élevées, même dans le public !

Le gendre d'Horace Vernet, Paul Delaroche, partagea sa gloire dans un ordre
d'art tout différent. Il fut le peintre des
morts tragiques et s'inspira surtout de
l'histoire d'Angleterre. Très habilement mis
en scène, ses drames, malgré leur froideur
d'exécution, impressionnaient vivement :
ses *Enfants d'Édouard* sur leur lit gothi-
que, serrés ensemble dans une terreur gla-

cée, tandis qu'au pas de la porte, d'où émerge une lueur suspecte, le petit chien flaire l'arrivée des assassins ; sa *Jane Grey*, à genoux sur l'échafaud, les yeux bandés, et qui, les bras nus guidés par un prêtre respectueux et attristé, allonge ses mains fluettes, cherchant le billot où poser son cou frêle ; ce bourreau hésitant à saisir sa hache et qui, d'un œil attendri, contemple la pâle victime dont il va faire sauter la tête ; ces femmes qui se lamentent ; son *Charles I*er insulté par des soldats qui souillent de la fumée de leur pipe sa face résignée ; son *lord Strafford* qui tend ses bras désespérés entre les barreaux de sa prison ; tous ces tableaux étaient bien faits pour toucher les âmes sensibles d'une profonde pitié.

L'*Assassinat du duc de Guise* passe encore pour un chef-d'œuvre, tant sa composition est ingénieuse. Il ne faut donc pas s'étonner du grand engouement qui accueillait Paul Delaroche à chaque salon. On lui savait gré de la mesure de bon goût qu'il apportait à exciter la pitié sans trop d'horreur, sans répandre le sang, à soigner son dessin trop réfléchi, un peu figé, et son exécution serrée, sa couleur sobre, manquant de vibrations. Très équilibré, d'un esprit distingué, de mœurs austères, il n'avait ni les qualités, ni les défauts des tempéraments fougueux ; il péchait plutôt par excès de sagesse. Son principal mérite était une clarté bien française. On l'a justement comparé à Casimir Delavigne, avec qui il entretenait d'ailleurs des rapports d'amitié.

Je ne connaissais ses tableaux que par les gravures du *Magasin pittoresque* encore en son enfance, lorsque Paul Delaroche exposa à Gand, où j'étais élève de Félix Devigne, une petite toile représentant Hérodiade accompagnée d'une suivante et qui, la main appuyée sur le socle où repose la tête blême de saint Jean-Baptiste, jette au spectateur un long regard très mystérieux, très loin de la haine, mais implacable. Et ses yeux étaient si troublants que je ne pouvais en détacher les miens. Pendant plusieurs jours ce fut une hantise. Vingt fois je dessinai de souvenir cette femme étrange. Elle me revint à l'esprit, lorsque, longtemps plus tard, je lus cette nouvelle de Flaubert qui insinue que sa férocité cachait une rage d'amour. J'ai revu cette toile qui continuait à passionner ma mémoire ; elle est au musée de Cologne. Je fus étonné de la trouver si froide.

L'œuvre capitale de P. Delaroche me semble être l'*Hémicycle de l'école des Beaux-Arts*. Les défauts du maître, ici, se rachètent par une belle ampleur, une austérité qui sauvera son nom de l'oubli.

Digne comme son art, Delaroche dominait son entourage. Toujours correcte et mesurée dans sa logique d'attitude, sa réserve cachait un cœur dévoué aux siens et à ses élèves, qui l'adoraient et qui, témoin Gérôme et Hébert, ont conservé pour sa mémoire une pieuse vénération. Sa belle tête régulière, un peu hautaine, le front aux larges plans, séparé au milieu par une mèche de cheveux tombante, sa bouche fine et accentuée, son profil aquilin, rappe-

laient Napoléon Iᵉʳ. Il professait d'ailleurs
une très vive admiration pour ce héros auquel il consacra plusieurs compositions,
entre autres celle des *Adieux de Fontainebleau*. Le peintre s'inspirait du grand
homme, mais l'homme chez Delaroche restait profondément libéral. Hébert m'a conté
un fait qui le prouve.

Dans les premiers temps du second Empire, Napoléon III, ayant appris l'admiration de Paul Delaroche pour son oncle, lui
envoya M. de Persigny chargé de lui offrir
une importante commande : celle de dé-
corer les salles à l'intérieur de l'Arc de
Triomphe, par l'apothéose du grand Empereur. Le ministre, très aimable, se pré-
senta au peintre avec des marques de grand
respect, escomptant, de sa part, un chaud
empressement à accepter sa proposition.
Delaroche répondit simplement : « J'y ré-
fléchirai et je vous écrirai. » M. de Persigny, très étonné, se retira en accentuant
ses protestations de déférence et en disant :
« Je ne doute pas qu'après réflexion, vous

acceptiez de faire ce plaisir à l'Empereur. »
Voici la réponse du maître, que les suppli-
cations du jeune Hébert, à qui il l'a com-
muniquée, ne purent faire atténuer : « Je
remercie Sa Majesté du grand honneur
qu'elle me fait en m'offrant une magnifique
commande ; mais j'ai juré de ne jamais rien
faire pour un gouvernement que je combats. »

Il savait aussi résister à ses préférences
de cœur, par un sentiment de justice. Depuis très peu de temps à l'atelier de Delaroche, venu très jeune à Paris pour y faire
son droit, et récemment inscrit comme avo-
cat, Hébert connaissait à peine le maître.
Celui-ci avait alors deux élèves préférés :
Thomas Couture, aux brillantes promesses ;
et Prosper Roux, qu'il regardait presque
comme son fils et qui, faveur exception-
nelle, travaillait à ses côtés, sous ses yeux.
Hébert fut reçu en loge avec le numéro 10,
c'est-à-dire le dernier. Couture et Roux
prirent aussi part au concours de Rome.
A leur sortie de loge, lorsque les tableaux

furent exposés, P. Delaroche fit appeler ses trois élèves à la salle de l'hémicycle de l'École des Beaux-Arts dont il terminait la décoration. Les jeunes gens arrivèrent pâles d'émotion. Le professeur, l'air grave, s'adressant d'abord à Couture, puis à Roux, leur donna son avis motivé, les louant, les blâmant selon leurs mérites et leurs défauts, sans leur laisser espoir de succès. Le jeune Hébert tremblait d'anxiété, car il n'avait pas encore été encouragé d'un regard, et il s'attendait à quelque critique sévère, lorsque le maître se tourna vers lui et lui dit simplement : « Quant à vous, vous aurez le prix ! »

Nous éprouvions, nous les jeunes de 1848, pour Delaroche, une admiration mêlée de respect ; mais nous nous sentions, pour la plupart, plus passionnément entraînés vers Robert-Fleury. Moins méthodique, plus inégal, celui-ci nous parlait davantage à l'âme, et je le considère encore maintenant comme un grand artiste, bien que son œuvre sente parfois trop la peine d'un travail opiniâtre.

Sa tête, très remarquable aussi, au lieu de ressembler à l'aigle, inclinait vers les oiseaux de nuit : une vaste arcade sourcilière, avec, au fond de l'orbite, un petit œil noir roux étincelant dans l'ombre ; et, au milieu de l'irradiation d'une barbe en collier que j'ai vue passer successivement de l'ébène à la neige, un nez recourbé, aigu, une bouche fine sur le menton en saillie. Ce menton volontaire corrigeait l'indécision de son sourcil un peu tombant vers les tempes et de son regard ébloui au grand jour.

Il était modeste, timide, inquiet et, par contradiction, très ardent, très résolu au fond. Il aimait les retraites cachées. En plein Paris, il vivait en reclus. Sans habileté de surface, maladroit même extérieurement, il sondait le dessous des choses, les mystères profonds, et avec quel acharnement sincère !

Il y mettait l'entêtement et la passion des alchimistes en quête de l'or. Il était de ces fureteurs de vérités, insoucieux de l'orthodoxie, dont autrefois le Saint-Office

flairait les laboratoires secrets. De là, peut-
être, sa haine de l'Inquisition, haine à
laquelle il a consacré les meilleurs de ses
pinceaux. Qui ne se souvient de son *Auto-
da-fé,* au moins par la belle lithographie
qu'en a faite Mouilleron : à travers les
rousses fumées, sous les langues de feu qui
les mordent, des patients, dépouillés du *san
bénito,* se tordent et hurlent. A côté, se
débattant sous la griffe d'un moine au
museau féroce que le lourd capuchon de
bure coupe en sautoir, une femme, jeune
encore, se roidit, effarée devant la mort,
dans une suprême convulsion de terreur. Le
peintre, ici, inspire l'horreur tragique, non
par le délire d'Eugène Delacroix, non par
l'habile mise en scène de Delaroche, mais
en fouillant le fond de son sujet avec la
patiente énergie d'un puritain. Ne semble-
t-il pas qu'il se venge, là, d'un grief
de famille, presque personnel, sur les
bourreaux de ses frères du seizième
siècle ? Maintenant, regardez, dans un
coin tranquille du Luxembourg, son

chef-d'œuvre, le *Colloque de Poissy*.

Nul tapage! n'est-ce pas? Recueillez-vous devant cette œuvre si peu prétentieuse d'apparence, si intense pourtant; insensiblement l'émotion va vous envahir... Tout fermente sous ce calme apparent, précurseur d'un des plus tragiques orages de l'histoire. Dans cette scène si peu mouvementée, le fanatisme, on le devine, est chauffé à blanc. Des têtes stoïques; d'autres que la haine crispe sous le masque froid de la diplomatie; et l'astucieuse cruauté du jeune loup qui s'appelait Charles IX; et l'impénétrabilité de la reine; et l'errante rêverie distraite sur le visage de la jeune princesse immobile. Quelle intelligence de grand artiste a su, l'une à l'autre, opposer tant de passions mortelles et contenues!

Je me souviens qu'en 1857, à l'âge de soixante ans, Robert-Fleury obtint un nouveau succès avec un *Charles-Quint au couvent de Yust*. Il apparut là plus clair, plus riche de couleur, plus libre d'exécution; infatigable chercheur de qualités nouvelles. Il est en ce moment trop négligé; il y a cependant dans ses toiles quelque chose d'éternel qui éclatera lorsqu'il aura pris sa place définitive au musée du Louvre, au milieu des maîtres dont il avait la dévotion. Il ne fut pourtant pas un virtuose du pinceau, bien qu'il eût par instant des mouvements d'entrain superbes. Sa touche lui ressemble, parfois timide et farouche, mais revêtant toujours un sentiment et une pensée.

Comme homme, Robert-Fleury fut serviable et bon. Dans ses œuvres, il a exalté l'héroïsme bienfaisant; il a pris parti pour le génie en lutte contre la superstition et l'ignorance persécutrice. Il s'est peut-être trop préoccupé de faire de sa peinture un enseignement moral. La générosité du but ne soutient pas toujours suffisamment l'imagination. Son trop grand respect des maîtres l'a poussé souvent aussi à imiter la patine du temps et à tomber dans le jaune. J'ai parlé de ses habitudes renfermées. On aurait tort d'y voir une défiance égoïste, rien ne serait plus loin de la vérité. Il appréciait la valeur du temps ; il se dérobait aux importuns, mais non aux services à rendre. Il avait la confiance désintéressée des braves gens. La première fois que je fus chez lui, il me dévoila, lui le grand inquiet, le secret de la porte de son atelier qu'il n'aurait pas livré aux puissants du jour ; et il fit cela avec une ingénuité touchante, car je ne lui étais même pas recommandé. Il m'a compris, et je lui en ai gardé une gratitude qui me fera toujours vénérer sa mémoire.

J'ai rencontré la même confiance chez Ary Scheffer. J'ai dit ailleurs comment j'osai me présenter chez lui et avec quelle bonté j'ai été reçu. Son atelier m'intéressa. Le talent du maître y apparaissait tout entier avec ses scrupules de bonne foi ; ses anciens enthousiasmes dont il se défiait ; sa soif de la perfection qui le refroidissait dans une sorte de vénération mystique où sombrait sa passion première pour les verdeurs romantiques. Il y avait là une re-

production par lui-même de son *Lar-
moyeur* d'un sentiment émouvant, tout
rissolé de sauce bitumineuse; un portrait
de Béranger, de même style, très fouillé,
très verni, d'une bonhomie finement ma-
drée, d'un contentement de soi-même qui
semblait escompter une immortalité aujour-
d'hui plus que douteuse; puis le théâtral
Jésus sur la Montagne, très noble, mais
glacé, et, en ce moment, encore refroidi
par des corrections à la craie; à côté, sa
petite *Mignon* aspirait au ciel. On voyait
aussi, de son époque de transition, un portrait de Lamennais, chef-d'œuvre de physionomie amèrement refrognée; un autre
de Liszt jeune, maigre et long profil qui,
sous les mèches tombantes de ses longs
cheveux blonds, avec son nez à corbin, sa
bouche finement sceptique, son menton
proéminent et son cou émacié, à la glotte
saillante, prenait je ne sais quelle ironie
d'ange rebelle. Le peintre travaillait à son
Christ consolateur. Tout Ary Scheffer
était là, cœur, esprit, audace et faiblesse.

Scheffer avait une belle tête, honnête et lumineuse, dont les ruisselants cheveux blonds commençaient à blanchir; vraie tête de peintre, et, comme ressemblance, tenant le milieu entre Philippe de Champaigne et Van Dyck. Il m'apparut modeste et bon, presque timide, tant il avait le respect des autres, même pour le rapin que j'étais alors. Il conseillait de faire beaucoup de croquis d'après les moulages de Phidias. Et comme, parmi mes dessins, je lui montrais une esquisse de ma façon, scène échevelée, contemporaine et, pour l'expression, renouvelée des fureurs d'Oreste, il me donna cet avis que je n'ai jamais oublié : « Ne faites jamais une chose dont vous n'avez pas vu l'équivalent dans la nature. »

Thomas Couture, dont j'ai déjà dit un mot, commençait en ce temps-là à exciter vivement la curiosité. Il s'était révélé en 1844 par un tableau ayant pour titre : *l'Amour de l'Or*, que j'ai eu occasion de voir depuis. Il n'y avait pas là de tentative nouvelle; c'était plutôt un retour vers le style lâché du dix-huitième siècle avec ses caprices de forme et ses carnations fardées. Il exposa ensuite un jeune *Fauconnier*, sorte de Page très frais, tout de noir habillé, ayant pour fond une treille chargée de pampre sous un ciel clair d'azur semé de nuages d'argent. Toujours dans le même caractère léger, très supérieure à l'autre, d'une agréable désinvolture, cette toile faisait encore songer aux trumeaux de Boucher et de Vanloo, mais avec plus de fermeté et d'éclat. On y sentait courir un joyeux rayon de Rubens. Après ce succès très vif, Couture se laissa désirer, ne montrant plus que quelques portraits. On savait qu'il préparait un grand coup. Des chuchotements mystérieux, des indiscrétions habilement répandues dans le monde, promettaient une immense sensation. Le public, ainsi tenu en haleine, attendait l'événement promis et les ateliers s'en préoccupaient fort. On savait que cette très vaste composition représentait une scène de la décadence romaine.

Enfin elle apparut au Salon de 1847, le premier qu'il m'a été donné de voir. Elle recouvrait les *Noces de Cana* de Paul Véronèse, un peu plus avantageusement que ne l'avait fait *la Smalah* d'Horace Vernet en 1845. Le succès réalisa-t-il tout le bien qu'on s'en promettait? Y eut-il déception? Il me serait difficile de le dire. Toutefois, le bruit et la discussion qui entourèrent l'*Orgie romaine* firent déjà grand honneur au peintre. Depuis longtemps on n'avait vu une tentative de cette importance. Qu'éprouvai-je lorsque j'accourus au milieu d'une foule pressée, au-dessus de laquelle je n'aperçus d'abord que la partie supérieure du tableau? J'ai gardé le souvenir d'une impression un peu trouble, comme si je me trouvais devant une grande tapisserie déteinte; quelque chose de poudreux et vert-de-grisé, un immense éventail Pompadour qu'on aurait laissé traîner un demi-siècle dans un grenier. Je dois dire que j'étais nouvellement arrivé à Paris, venu d'Anvers où j'avais copié des Rubens,

et habitué mes yeux aux ardeurs flamboyan-
tes de la nouvelle école flamande.

Lorsque je revois cette œuvre importante
au Louvre, où elle est fort délaissée par les
fervents de l'art, je retrouve encore son
apparent brio bien froid, plein de belles
résolutions manquant de persévérance, de
grands élans qui n'atteignent pas le but.
Des parties principales ont été manquées,
puis grattées au couteau et laissées en cet
état de hasard qui singe l'adresse et la facilité et qui, au fond, pourrait bien n'être que
l'escamotage de l'impuissance. Peu de formes, peu de tons vraiment *voulus*. Partout
le même procédé d'aventure et d'effacement
harmonise des couleurs trop crues d'abord,
leur laissant un aspect fripé sans grande
finesse. Son dessin prétendu inspiré de
l'antique est très frivole. Ses Romaines sont
des lorettes. Et pourtant il serait injuste
de ne pas reconnaître dans ce tableau un
grand talent dévoyé. Comme le charmant
Fauconnier convenait mieux au tempérament de Couture!

Mais, bon et jovial garçon, ne doutant de rien, il se croyait le premier peintre des temps modernes. Il l'assurait lui-même avec une éloquence triviale et persuasive qui associait son entourage à cette très haute opinion de sa personne. C'est là le secret de beaucoup de grands succès qui tombent avec ceux qui en ont été l'objet. Celui qui doute de soi fait aussi passer le doute chez les autres. Il eut un atelier très couru, surtout par les amateurs de *trucs*. Ils y apprirent à ébaucher les chairs très blanches et à les fouetter habilement de garance.

Si l'*Orgie romaine* n'eut qu'une exécution incomplète, diverses œuvres du maître s'arrêtèrent à la première ébauche. Elles n'en firent pas moins grand bruit, bien que personne jamais ne les connût. Les mêmes chuchotements curieux les annoncèrent. Il s'agissait de *Pompiers courant à un incendie,* d'un mouvement à tout renverser, mais qui n'arrivèrent pas au lieu du sinistre, et s'arrêtèrent, je crois, après le brillant départ des premiers coups de crayon. Toujours est-il qu'on ne les trouva pas à l'exposition pour laquelle ils étaient depuis longtemps annoncés et où ils devaient faire merveille à côté de *la Dernière Charrette des condamnés de la Terreur*, par Ch.-L. Muller. Comme ce dernier demandait à Couture s'il serait prêt pour le Salon, il répondit : « Non, je n'aurai pas fini ; cette année, je te prête la France, tu me la rendras l'année prochaine ! »

Parmi les peintres les plus célèbres d'alors, il faut citer Hippolyte Flandrin, l'élève chéri d'Ingres, dont il continua la manière avec moins de défauts et moins d'accent. A vrai dire, cet artiste consciencieux et respectueux est digne de vénération. Mais j'ai toujours vu en lui plutôt un grand saint qu'un grand peintre. Il avait toutes les vertus ; il lui manquait un petit vice pour les émoustiller. A cela près, il mérite tous les succès qui ont marqué sa carrière et même ce privilège, d'habitude réservé aux évêques seuls, d'avoir son monument funéraire dans une église, celle de Saint-Germain-des-Prés, qu'il a ornée de peintures murales très appréciées. Il exposa pourtant un portrait qui passionna le *tout Paris* d'alors et qui est resté célèbre sous la désignation de : *la Femme à l'œillet*. Je ne dois pas oublier non plus les deux célèbres portraitistes les Dubufe père et fils.

Quelques peintres d'histoire, à ce moment, travaillaient surtout pour le Musée de Versailles. Voici Auguste Couder dont *le Serment du Jeu de Paume* et surtout *les États Généraux* sont de très remarquables tableaux.

Comment ce peintre d'une éducation toute classique, qui professait pour David son maître la plus haute admiration, est-il arrivé à ce sentiment de vie et de vérité si différent des belles qualités académiques de ce *Lévite d'Ephraïm*, du Louvre, qui l'avait d'abord mis en vue? Et d'où vient que cette sincérité, si rare alors, n'ait pas, à son apparition, fait plus de bruit, tandis que de moindres talents excitaient de plus retentissants succès?

C'est que Couder, travailleur modeste, n'éleva jamais de tréteau à la porte de son atelier : J'ai vu une seule fois ce digne artiste, il y a bien longtemps, à l'École des Beaux-Arts où j'avais été appelé comme juré supplémentaire pour le concours de Rome.

J'ai gardé le souvenir d'un beau vieillard dont le visage avait de l'ampleur et de la sérénité. Sous son front calme, entre les mèches souples de ses cheveux blancs, ses yeux brillaient d'une pure lumière. On y voyait luire la satisfaction du devoir accompli et cela devait suffire à cet honnête et excellent peintre qui avait trouvé d'ailleurs les joies du foyer, après de vifs chagrins. Il pouvait regarder l'avenir avec confiance, persuadé que si la réclame avait donné à d'autres une popularité plus bruyante, elle ne compte pas pour la vraie gloire. Versailles nous montrait aussi Alaux, Larivière, deux habiles pinceaux, Philippoteaux, Léon Cogniet et Émile Signol, dont le *Siège de Jérusalem* et surtout le *Passage du Bosphore* se distinguent par des qualités de sentiment. Dans ce dernier tableau, il y a une tentative nouvelle au moment où il a été peint et qui, selon moi, n'a pas été assez remarquée : c'est un rayon du soir, qui baigne poétiquement les figures et moire la mer que frappent d'élégants rameurs, sous un ciel limpide. Et jamais sourire céleste ne fut mieux en situation, car il illumine d'une calme allégresse et comme d'un nimbe de foi ces groupes de l'héroïque croisade que le bercement des flots apaisés repose des plus durs travaux. C'est là une conception de poète. Ces deux toiles sont parmi les meilleures de la galerie des Croisades et méritent une place à part dans le grand musée historique si plein de pacotille. J'aime à rendre cette justice à un artiste qu'une modestie profonde a tenu trop à l'écart; travaillant à de pieux sujets avec une dignité tranquille, loin des expositions, à l'abri d'un intérieur où le foyer et l'atelier mêlaient leurs touchantes vertus;

car j'ai aimé cet artiste qui, jusque dans l'extrême vieillesse, a gardé une bonté et une candeur de cœur des plus rares.

D'autres peintres d'histoire avaient été chargés de peindre des plafonds aux salles du Louvre : Abel de Pujol, Blondel et Picot. Qui les regarde encore aujourd'hui ? Puis Heim qui avait plus de talent, qui était même un virtuose très habile. Tout le monde connaît son remarquable tableau représentant une *Distribution des récompenses* à la suite d'une exposition sous Charles X et qui renferme une collection de portraits d'artistes d'un réel intérêt. D'où vient que je ne le vois plus au Louvre ? Drölling, mon maître, me semble bien oublié. Sa peinture, très sage, n'a guère d'éclat. C'était un classique, raisonnable aux qualités moyennes. J'ai pourtant vu, de son pinceau, un très beau portrait d'homme. Son *Saint Paul sur le chemin de Damas,* à Saint-Sulpice, est loin d'être une œuvre vulgaire, on y sent un effort pour se dégager de la froideur académique. Je n'en puis dire au-

tant de ce même *Saint Paul devant l'Aréo-
page* de la même chapelle. Drölling était de
petite taille, un peu brusque et très bon, m'a-
t-on dit. Il avait l'air militaire avec ses gros-
ses moustaches blanches. Il m'a toujours
considéré comme un chercheur indiscipliné
et je n'ai jamais eu de lui que des remontran-
ces. Baudry en parle dans ses lettres avec
une estime et une affection profondes. Je ne
puis pas quitter les peintres d'histoire sans
signaler Jean Gigoux qui a traversé presque
tout le siècle, car il est mort depuis peu et
sa réputation datait des premiers temps du
romantisme où il s'était fait une place à part.
Ses tableaux : la *Mort de Leonard de Vinci
entre les bras de François I*er, et *Cléopâtre
essayant des poisons sur des esclaves* furent jadis des œuvres sensationnelles.

Il était le fils d'un maréchal ferrant de
Bezançon, qui ne lui a jamais pardonné de
s'être fait peintre. Ce brave artisan dit un
jour à Français : « Quand je pense qu'il
n'y avait pas un gars pour ferrer un cheval,
comme ce polisson-là ! »

Avant de bien connaître Gigoux, je le confondais avec David d'Angers, tant ils se ressemblaient.

Je ne l'ai approché que dans son extrême vieillesse et nos rapports furent excellents. J'ai pris part, parfois, à ses déjeuners du dimanche, dans son hôtel qui, on le sait, était un vrai musée. On y rencontrait de très hauts personnages, le général Brugère, Jules Ferry, Gambetta et des notabilités artistiques. Il faisait les honneurs de sa table avec une brusquerie affectueuse. Sa grande moustache tombante, ses cheveux longs, ses sourcils relevés lui donnaient je ne sais quel air de Vercingétorix. Ramassé dans son épaisse et robuste taille, il ressemblait aussi à un vieux barbet-ratier. Il peignait toujours, par hachures, des portraits un peu troubles, ne manquant ni de charme, ni de savoir.

Il aimait à montrer ses vieux tableaux dont quelques-uns étaient superbes. Et il répondait invariablement aux éloges qu'on lui en faisait, en grommelant dans sa moustache, avec un accent franc-comtois très accentué : « C'est comme Phidias ! » Il ne fallait jamais le contredire. Un jour il m'apporta une paire de lunettes, prétendant que je les avais oubliées dans son atelier. Il n'en était rien. Naturellement je les refusais. Je fus pourtant forcé de les prendre, car il se fâchait. Je les porte encore.

C'est un souvenir auquel je tiens en mémoire du brave Gigoux.

Parmi les peintres de genre, nous admirions beaucoup Tassaert. Il y avait chez lui une pitié qui le poussait vers les humbles et les pauvres. Tout le monde connaît, au musée du Luxembourg, ce tableau si plein d'âme, où une mère et sa fille, dans une chambre misérable et nue, près d'un réchaud, pleurent, en proie aux premières torpeurs de l'asphyxie. Ce n'est pas une vulgaire sensiblerie qui a inspiré cette œuvre toute d'émotion profonde, et qui devrait être au Louvre, puisque son auteur est mort depuis 1874. Il y a là, outre le drame, une exécution très simple, une couleur fine et bien en situation. La tête de la vieille, type vrai du peuple, touche profondément par sa naturelle dignité.

Tassaert, très varié dans son œuvre, gagnerait à être revu dans son ensemble. On y remarquerait, outre diverses compositions dans le genre de celle que nous venons d'indiquer, des visions fantastiques : telle cette délicieuse bacchanale qui représente la *Tentation de saint Antoine*. Jamais le chaste anachorète ne s'est vu à une plus dangereuse épreuve. A genoux dans une vaste grotte, il reste immobile, stupide, aveuglé par l'éblouissante apparition. Parmi les effluves célestes que traverse la blanche lueur de la lune, dont le disque d'argent éclate à travers des remous d'ineffable azur, une longue théorie de femmes nues, aux chairs nacrées, venant des profondeurs du ciel, les dernières à peine visibles, a fait irruption par le porche rocheux et se déroule en spirale dans les mouvements du plus voluptueux et mol abandon. La tête du cortège est arrivée près du saint stupéfait, et la plus belle des tentatrices lui offre un verre de vin. Oh! ce verre de vin! De quelle chère garance en feu Tassaert l'a enluminé! Ce n'est pas une vulgaire nature morte que l'ensorceleuse présente au pauvre ermite. On y sent une inspiration passionnée. Hélas! ce malheureux Tassaert aimait trop le vin... Le vin l'a tué, et c'était dans les cantines des barrières que ce grand bohème, ce délicat artiste vraiment corrégien, allumait son beau délire...

A la même époque, nous regardions avec intérêt aux vitrines des marchands, des toiles d'un artiste qui me semble fort oublié, Adrien Guignet. Il aimait à peindre les bandits dans des paysages à la Salvator Rosa. Il rappelait aussi Decamps par une émotion âpre et fière. Il est mort tout jeune. Son œuvre principale est au château du duc de Luynes, à Dampierre. Guignet était si pauvre qu'il peignit parfois plusieurs tableaux superposés sur la même toile. Mort aussi avant d'avoir donné la mesure de son talent, ce courageux Tabar qui lutta si vaillamment, miné par la phtisie et dont les premiers essais annonçaient un peintre. Sa tête énergique et ravagée rappelait le masque de Géricault. Plein d'ardeur, aimant la gloire, il se débattait entre la misère et la maladie sans se plaindre... Le sort est parfois cruel.

Dans la période qui nous occupe, il y eut comme une stagnation d'attente. On semblait se recueillir et les grands artistes ne se montraient guère. Ingres, P. Delaroche, Robert Fleury, Flandrin, Th. Rousseau se tenaient à l'écart. Français s'attardait en Italie; Dupré cachait ses toiles dans sa solitude de l'Isle-Adam; Decamps ne présentait que des aquarelles et des fusains; Meissonier, dont les minuscules tableaux d'un fini extraordinaire, d'une acuité merveilleuse de vision, d'une ingénieuse justesse d'attitudes, avaient vivement intéressé le public de 1840, ne prenait plus guère part aux expositions; Ary Scheffer se recueillait, hésitant en ses scrupules de conscience, abandonnant le romantisme de ses premiers succès, recommençant son éducation d'artiste sous l'influence des stylistes allemands; Eugène Delacroix, toujours sur la brèche, se compliquait, s'alourdissait en des compositions multipliant de petites figures sur des paysages toujours dramatiques, mais où ses admirables qualités de coloriste et sa vigueur de touche commençaient à se dissoudre à la poursuite de recherches inquiètes. Ce n'était plus la vaillance de ses magnifiques débuts. Quant à Corot, toujours en progrès, il se prodiguait à chaque salon en œuvres exquises.

Le public suivait curieusement les débuts de la petite école néo-grecque qu'inauguraient d'anciens élèves de P. Delaroche. Ce maître vénéré ayant fermé son atelier, ils avaient suivi celui d'un peintre suisse de naissance, qui fuyait les expositions, s'absorbant dans l'étude de l'antiquité. Je parle de Gleyre, dont *la Fuite des Illusions,* ce tableau du Louvre mille fois copié, est devenu populaire, sans propager son nom parmi le public.

Ses adeptes consultèrent surtout l'école de Pompéi et les vases grecs peints, cherchant le côté intime et anecdotique des mœurs et des costumes anciens. Après la raideur et l'insignifiance des élèves de David, ce fut comme une floraison de grâce familière et charmante.

Cependant, d'autre part, on voyait poindre quelques aspirations nouvelles; une plus grande préoccupation de scènes populaires chez de jeunes artistes comme Bonvin, Antigna, Luminais, les Leleux; Millet n'avait encore donné que cet *Œdipe* dont j'ai parlé. Rien ne faisait deviner son évolution féconde vers la nature rustique. Il s'y préparait dans la retraite, à Barbizon, à côté des paysagistes dont la renommée s'affirmait.

Le salon de 1848 ne mit au jour aucun nom nouveau. Il est resté célèbre par l'apparition première de ce gâchis grotesque qui va bientôt s'appeler *l'art indépendant*.

Car il n'y eut pas de jury d'admission, et les portes furent ouvertes à tous. Je me souviens d'un *Amour au milieu des Roses*, de chevaux préhistoriques, de chèvres fantastiques de l'effet le plus délirant. Rien de plus comique. On avait alors le droit d'éclater de rire sans passer pour un béotien qui ne comprend rien aux déliquescences géniales. C'était un avant-goût des expositions impressionnistes que nous verrons plus tard. J'y fis connaissance d'un nom qui reviendra réjouir les jurys futurs, fidèle habitué de leurs refusés, avec ses apocalyptiques étalons, le peintre-vétérinaire Brivet. Pas de scènes révolutionnaires de la rue. Comme en 1793, on est trop près des événements. D'ailleurs l'attention publique se tournait vers la politique, les problèmes sociaux, les sophismes de Proudhon. On vibrait sans repos aux superbes discours de Lamartine et de Ledru-Rollin, au lyrisme entraînant de Victor Hugo vers les aspirations humanitaires ; au délire des clubs qui de toute part s'ouvraient à Paris. Je me souviens de celui qui se tenait dans le palais des thermes de Julien, éclairé par quelques gras lampions. Au fond de cette ruine romaine, sous les voûtes sonores, parmi les rousses brumes de l'huile et les lueurs clignotantes, certaines têtes de *démocs-socs*, comme on disait alors, s'accentuaient en silhouettes féroces et fantastiques.

Les artistes eurent aussi leur club à la salle *Valentino*. Ne croyez pas qu'il n'y eût là que des rapins. Ingres et Delacroix y assistèrent. Ils furent tous les deux également acclamés. Je les vois encore entraînés dans des remous d'enthousiasme, ballottés, et malgré leur résistance, poussés à la fois sur l'estrade où deux fauteuils les attendaient. Ils ne se regardèrent pas; ils s'assirent en se détournant un peu de côté, à la façon des chevaux de trait des attelages russes. J'avais souvent entendu parler de leur antipathie mutuelle; j'en ai eu la preuve ce soir-là.

Un autre jour, les artistes se réunirent à l'École des Beaux-Arts, pour des modifica-

tions à apporter au règlement. Il y eut
aussi, à l'ordre du jour, la grave question
d'un couvre-chef digne d'abriter le génie.
On discuta le chapeau de Rubens, la toque
de Michel-Ange, le béret de Rembrandt, et
même la casquette de Buridan. On ne par-
vint pas à s'entendre. C'est alors qu'Hamon
fit cette motion : « Je propose les bonnets à
poil ! » Ils venaient d'être interdits pour les
grenadiers des gardes nationaux, comme
insignes de privilège. Imperturbable, le
jeune néo-grec laissa passer une bordée
de fous rires, puis il ajouta : « Les bonnets
à poil, mais..... sans poil ! »

Cependant, à cette heure, il y avait dans
l'air des questions moins mesquines, il y
circulait un vent généreux, un ardent patriotisme qui n'excluait pas les causes des
autres peuples. C'est avec un grand désintéressement qu'on s'échauffait à défendre
ceux qu'on croyait opprimés, les Polonais,
les Hongrois. Je sais tout ce qu'il y eut
d'illusoire dans ces grands élans d'amour
universel qui auraient voulu affranchir le

monde malgré lui. Cela ne ressemblait point à cet internationalisme égoïste qui n'aura jamais rien de commun avec les manifestations des arts. Un idéal irréfléchi brûlait les âmes; un naïf donquichottisme poussait des colonnes de volontaires, au départ desquels nous applaudissions, et qui croyaient tout vaincre par le seul prestige de leur conviction, rien qu'en chantant :

> Toute l'Europe est sous les armes,
> C'est le dernier râle des rois...

et qui, d'ailleurs, à la frontière, étaient aussi vite dispersées qu'une troupe de moineaux, comme en Belgique à *Risquons tout!*

Je ne me crois pas hors de mon sujet en racontant ces choses : à chaque époque tout sentiment qui domine influence les arts. Pierre Dupont est bien le poète du moment. Il associe son goût du pittoresque à un très vif attendrissement pour les êtres humbles et les choses familières. Son chant de *l'Ouvrier* est un chef-d'œuvre, parce qu'il résume un sentiment puissant, épars sur tous. Sa *République des Paysans* émut l'âme de la France agreste avec une adorable bonhomie :

> Mais les quarante-cinq centimes
> Et Juin, plus tard, ont tout gâté !

Juin a été terrible, mais il n'a pas empêché l'avènement de la Démocratie au pouvoir et aussi à la dignité de l'art. Oh ! qu'elle reste dans la vérité, dans la justice et le sens commun ! Son existence en dépend, celle de son art aussi ; et il faut avouer que, depuis son avènement, cette démocratie ne s'élève guère vers les grands principes ; je tremble lorsque je considère combien elle est, avant tout, préoccupée de satisfaire de grossiers besoins matériels.

Retournons au moment où commence le mouvement populaire en peinture. Il est la continuation des paysagistes que nous venons d'étudier. Il consiste à faire entrer les êtres dans le milieu naturel qu'ils ont préparé.

Nous allons donc voir l'art prendre une

part plus directe aux joies et aux douleurs humaines, sans distinction de castes. Il va même de préférence s'occuper des pauvres, que les anciens n'avaient regardés que par leurs côtés pittoresques ou comiques, et qui vont intéresser autant que les princes de P. Delaroche et plus que les héros de David. Ils auront même cet avantage, qu'étant plus près des sources de la vie, ils revêtiront les beautés primitives. Nul besoin de velours et de brocart : ils s'envelopperont dans la pourpre et l'or de la lumière éternelle. De plus, leurs passions et leurs gestes seront davantage exempts des conventions factices du monde. S'il y a eu un mouvement nouveau dans l'art, c'est là qu'il faut le chercher.

Mais, comme toujours, les vrais initiateurs ne seront pas ceux qui en afficheront la prétention et qui, je ne sais pourquoi, pour désigner la recherche de sensations nouvelles, de charmes inconnus dans des mystères plutôt fluides, vont s'affubler du mot brutal *réalisme*. Ils ont la prétention de révolutionner, ayant sur leur bannière ce mot qui évoque des talents comme ceux de Valentin et du Guerchin, sans intérêt de nos jours.

En quoi, je le demande, le réalisme, vieux comme la platitude, pouvait-il être une nouveauté?

Le premier cri de ces révolutionnaires qui semblaient n'avoir rien à révolutionner, sortit d'une brasserie obscure de la rue Hautefeuille. En vérité, celui qui le poussa n'en comprit guère la signification; il lui fut soufflé par les philosophes et les littérateurs qui l'entouraient : Proudhon, Jean Journet l'apôtre, Champfleury le romancier, et le critique Castagnary. Le mot réalisme convenait parfaitement aux romans de Champfleury; mais Berlioz ne protesta pas lorsqu'on s'en servit pour désigner le caractère de ses chefs-d'œuvre dantesques. Oui! Berlioz était du cénacle! Que ne font pas les incompris pour sortir d'une injuste obscurité! Son tragique et fulgurant génie se laissa infliger cette enseigne!

Le mot réalisme convenait-il mieux à celui qui s'en déclara lui-même le messie? Était-il un réaliste dans toute la rigueur du terme? Non! Il ne soupçonna jamais l'ampleur poignante du musicien; vulgaire, trivial, ignorant, il fut tout cela trop souvent; mais ce qui restera de lui contient une expression et une saveur particulières et n'est pas d'une machinale imitation. Son œuvre a un côté personnel. Eh bien! voyez la pénétration du critique d'art qui l'a le plus vanté; ce sont ses morceaux les plus personnels que Castagnary va proposer aux subjectivistes qu'il combat, pour leur démontrer qu'ils devraient être impersonnels, c'est-à-dire objectivistes.

On trouvera d'ailleurs étrange que le peintre qui se proclama l'initiateur de l'art nouveau n'eût encore étudié jusque-là que dans les musées. Courbet, il faut enfin l'appeler par son nom, n'était pas d'ailleurs un homme ordinaire; loin de là. Il avait d'admirables dons de nature, ce bourgeois-campagnard madré et naïf à la fois, plus naïf qu'il ne le croyait lui-même, lorsqu'il souriait dans sa barbe luxuriante; car il fut toujours le jouet de son entourage. A ce vainqueur, à ce vert hâbleur, on fit faire toutes les folies. Mais sa malice lui fit parfois tirer parti même des sottises. Son immense vanité fut son génie. Elle s'imposa et le jeta dans des aventures où, à côté des chutes grotesques, il eut de magnifiques réussites. Ce n'est pas sans motif qu'il dit un jour de Castagnary : « Ce garçon-là a raison de faire mon éloge, ça le fait connaître! »

Physiquement, pour ceux qui l'ont vu dans sa jeunesse, la bonne fée qui dut être sa marraine l'avait favorisé d'un charme singulier. Robuste et de haute taille, le cou fort, le poil brillant et souple, le front bas et simple de plans, les yeux de belle agate, des yeux de taureau admirablement enchâssés, le nez droit, le bout légèrement infléchi avec une grâce voluptueuse; la bouche fine aux coins retroussés, délicieusement ombragée sous la barbe élégamment plantée et lustrée, le teint bruni à point par un riche soleil, Courbet, la première fois qu'il m'apparut, évoqua en moi l'image d'un antique pâtre chaldéen. Il s'est lui-même, à plusieurs reprises, portraituré avec une grande séduction, notamment dans *l'Homme à la Pipe,* rien que la tête et un bout de main, toile délicieuse comme un pur Corrège ; car son pinceau, si brutal à barder lourdement les copieuses rondeurs de ses baigneuses, avait des grâces spéciales pour son usage particulier.

Si Courbet ne fut pas un novateur, il mérita bien une partie de ses succès. L'*Après-dînée à Ornans* du musée de Lille, qui le mit d'abord en lumière, — très bon tableau, grassement, solidement peint, très discret, — exhale un sentiment de paix heureuse qui n'est pas sans beauté. C'est, noyé dans une brumeuse atmosphère, une sorte de fournil de village, où quelques amis, sans doute après un solide et frugal repas qui a réparé la fatigue d'une chasse ou d'une marche, se reposent et respirent le bien-être d'une digestion paisible. Ils fument, et l'un d'eux fait de la musique ; les ondes du violon semblent frémir visiblement dans les ondes mystérieuses et sombres d'un demi-jour favorable aux rêves épicuriens. Un gros chien couché sous la table, et que n'énervent nullement les sons de l'instrument, respire, dans un demi-sommeil, l'heureux calme ambiant. Toile charmante, d'une expression neuve, bien qu'elle n'apporte aucune trouvaille d'effet. C'est du Courbet mystérieux, regardant la nature à travers un rêve à la Rembrandt. C'est une œuvre incontestée et réputée la meilleure du peintre. Cependant, malgré ses qualités transcendantes, si elle fut remarquée, si des artistes l'admirèrent, elle ne fit pas grand bruit. Et si, au contraire, l'*Enterrement à Ornans,* qui vint l'année suivante. a été l'objet d'un si fort tapage, ce n'est pas qu'il fît preuve de qualités plus inédites, c'est à cause du côté caricatural de certains de ses personnages.

Les chefs-d'œuvre s'insinuent lentement

dans la publicité. Courbet venait d'expérimenter cette vérité, et, lorsqu'il accompagne ses qualités de tant de grossièreté,
croyez-vous qu'un homme aussi avide de
gloriole retentissante ne l'ait pas fait à des-
sein ? Il eût pu, certes, à côté de ses gris si
fins, éviter cette absence d'air et tout ce
cirage qui enduit des personnages dont plusieurs sont d'une vraie puissance et impré-
gnés du sentiment du sujet ; et combien le
recueillement d'ensemble qui plane sur les
épisodes de douleur navrante, d'horreur
égoïste et d'indifférence devant la mort les
eût enveloppés d'une gravité plus solen-
nelle, si l'œil du spectateur n'était involontairement attiré par l'indécence sceptique
des trognes envermillonnées des chantres !
Oui ! c'est complaisamment qu'il a étalé ces
outrances, qui n'avaient pourtant rien de
nouveau après Daumier. Elles se sont d'ailleurs calmées, et l'*Enterrement à Ornans*,
moins fantasque qu'un Goya, moins limpide
qu'un Velasquez, dort au Louvre dans cette
paix des vieux tableaux où se devinent à

peine tant de controverses et de passions éteintes, mais où il porte toujours la tare bien inutile de ses trivialités.

Plus tard, le peintre d'Ornans suivra le mouvement qui entraîne la jeune école vers la peinture du plein air, c'est-à-dire vers celle qui a pour but d'exprimer les objets tels qu'ils se présentent sous une large surface de ciel, enveloppés, par grands plans, de demi-teintes et de lumière errante et diffuse. Les ombres véritables ne s'y rencontrent que dans les trous. Encore faut-il tenir compte du voile plus ou moins transparent de la couche d'éther. Cet effet donne des modelés simples et laisse aux *valeurs relatives* des teintes leur intégralité que contrarie la vive lumière du soleil. Ses colorations varient à l'infini, sous l'influence des changeants nuages et des irisations crépusculaires. Si Courbet eut, dans ses études en plein air, des hasards heureux, il ne posséda jamais la science de cet effet magique, et les erreurs de cette ignorance abondent dans ses tableaux.

Son paysage des *Biches,* au Louvre, est d'un beau ton trouvé par taches fortuites, au petit bonheur du couteau à palette, à force de laisser-aller. Les valeurs relatives n'y sont pas observées, et de loin bêtes et rochers se confondent. Je ne lui en fais pas un reproche, en cette occasion, parce qu'il s'est livré à une belle envolée de tempérament, et qu'il y a des rencontres instinctives qui valent mieux qu'une froide sagesse. Mais cette ignorance, cette négligence qui lui réussissent çà et là, l'ont souvent entraîné dans les gâchis les plus insignifiants. Hélas! notre beau jeune homme, que je comparais à un pâtre chaldéen, ne tarda pas à s'alourdir, et sa suffisance et sa vanité s'épaissirent aussi. Il finit par confondre, dans un même orgueil, sa vaillance de maître du pinceau et celle de beau buveur de chopes. A force de triompher au milieu de sa cour, dans les cliquetis et la fumée des tabagies, il fut pris de l'aveuglement des rois. Il accepta sans sourciller les plus excessives flatteries. Au fond de lui-même, il dut se croire le premier peintre de son temps, que dis-je? de tous les temps!

Il prenait des airs de protection lorsqu'il parlait du Titien, de Raphaël, — qu'il prononçait *Raphayël*, — et des autres grands maîtres. J'entrai un jour dans son atelier au moment où il terminait un torse nu de jeune femme, inondé d'une opulente chevelure rousse, assez mal dessiné, mais d'un savoureux ragoût de tons. Derrière lui, Tabar s'émerveillait et soulageait son enthousiasme par mille extravagants éloges écoutés en silence, lorsqu'il eut l'impertinence d'ajouter comme dernier mot : « Ça se tiendrait à côté du Titien! » Alors seulement maître Courbet se retourna vers Tabar et dit tout doucement : « Eh ben! c'est ça qui l'aurait embêté vot' Titien! » *Vot' Titien!* l'entendez-vous, ce nom, traîné dans l'accent franc-comtois le plus comiquement dédaigneux ? Autre mot, que m'a raconté Jean Gigoux et qui fut dit en sa présence. Il s'agit du tout jeune Péron, mort à vingt ans, après un début si brillant qu'il avait provoqué l'admiration même chez le grand réaliste qui n'avait pu retenir ce cri : « Décidément, c'est l'p'tit Péron et moi que *je peins le mieux de tout Paris.* » Que dites-vous de cette phrase par où il commence à s'associer un rival pour le répudier du même coup.

Tout le monde sait ce qui se passa dans une brasserie de Bruxelles où un farceur eut l'idée de boire à l'élévation de la statue de Courbet sur la colonne Vendôme à la place de celle de Napoléon. Le maître d'Ornans répondit modestement : « Si je n'y suis pas dans cinquante ans, il y aura toujours là un homme qui sera dans mes idées! » Les amis insistaient : « Si! si! ce sera toi! » Alors, élargissant ses épaules, il s'écria : « Garçon, remplissez les chopes! » Est-ce de dépit de ne pouvoir y monter que, plus tard, sous la Commune, il fit abattre, « déboulonner ce grand mirliton », comme il disait?

Un jour, il répondit à Français, qui lui

apportait une invitation à déjeuner de la part du surintendant, le comte de Nieuwerkerke : « Tu ne vois donc pas que, ce mâtin-là, *y veut m'corrompre !* » Français n'insista pas ; aussi fut-il étonné de le voir arriver à ce déjeuner, et en habit noir encore ! C'est d'une façon aussi étrange qu'il refusa la croix après l'avoir fait demander par son député. Il est vrai que sa lettre de refus, très tapageuse, lui fut dictée par les philosophes de son entourage, nullement menacés d'une pareille faveur. A ce propos, il me dit ceci : « Vous pouvez être décoré, vous, mais pas moi : je suis une protestation ! »

Je ne parlerai pas du triste rôle qu'il a joué pendant la Commune. C'est toujours cette même vanité qui l'y a entraîné. Ses succès d'artiste ne lui suffisaient plus. Ils étaient d'ailleurs singulièrement en baisse depuis son fameux *Piqueur achevant un Cerf*, et ses *Curés revenant de la conférence*, toiles grotesques et nulles comme peinture.

Tel est l'homme qui a gâché les plus beaux dons par je ne sais quelle suffisance de parvenu, préférant les satisfactions vaniteuses immédiates à la vraie gloire que peut seule donner un travail opiniâtre et suivi, quelque aptitude qu'on puisse avoir. C'est pourquoi, malgré les très beaux morceaux qui consacrent sa mémoire, il n'excitera jamais qu'une admiration relative.

Autant Couture et Courbet avaient de jactance, autant Daubigny, qui, lui, débuta par une note moderne dans un paysage sans prétention, était discret et modeste. Ce Parisien, fils de Parisien, et, chose curieuse, doué d'un sentiment très agreste, fut toute sa vie animé d'un très tendre et vif amour de la nature simple. Il était resté naïf comme un enfant. Illettré, les mots lui manquaient pour exprimer l'enthousiasme de son âme, et il s'épanchait en exclamations courtes. Mais son éloquent pinceau disait bien toute la puissance et la saveur de son inspiration. Son premier succès en peinture. et qui a dû le surprendre, tant il y apportait peu de prétention, lui est venu à propos d'un paysage de moisson. Il s'était auparavant annoncé, dans un cercle restreint, par quelques eaux-fortes délicieuses qui illustrent des chants populaires : *Ma tendre Musette*, le *Point du jour* et autres pastorales. Ces gravures ont été, vers 1840, l'un des plus chers régals de mes yeux. Elles charmèrent ma seconde enfance. Le croirait-on? elles ont dans leur pure ingénuité comme un sentiment du xviiie siècle, le maniérisme de l'innocence, très sincère ici, mais qui les allie admirablement aux vers et à la musique qu'elles accompagnent. *O ma tendre Musette :* comme cette humble et touchante merveille de Monsigny, faite de rien, a dû attendrir l'âme candide du jeune graveur qui en a si justement exprimé le charme doux comme la mélancolie jalouse d'un ange rustique. C'était toujours cette élégante naïveté que l'on retrouvait dans sa moisson.

Peu de temps après, son *Étang d'Opte-voz* mit Daubigny tout à fait en vue. On y remarquait la même délicatesse avec plus de force. Un étang calme où tremblent des joncs, au delà, sur la berge, un cheval blanc et une charrette à l'abri d'une colline, des gazons d'un vert délicieux, des eaux soyeuses, un soleil argenté composent une symphonie qui ne ressemble pas à Corot, ni à Rousseau, ni à Français, et qui nous ravit tous.

Depuis, Daubigny a élargi sa manière, a varié ses effets et ses *motifs* et a su garder jusqu'à sa mort son charme pénétrant. Il s'est complu aux berges de l'Oise, aux vergers embaumés de fleurs ou chargés de fruits, à l'herbe grasse qui doit être succulente pour les bestiaux, aux chemins creux où pénètrent dans l'ombre les dernières clartés du crépuscule, aux nuits de lune où des nuages pommelés moutonnent, troupeau céleste, sur des parcs à moutons. J'ai eu l'occasion de bien connaître Daubigny, à Marlotte, en 1857. Je m'attendris lorsque je songe à ces jours de jeunesse où nous mêlâmes nos cris d'ivresse devant les splendeurs naturelles... Un généreux soleil nous souriait à tous deux; il avait fécondé notre récolte. La première exposition des Champs-Élysées venait de fermer ses portes; nous y avions eu, lui, de superbes paysages de Normandie, et moi, la *Bénédiction des Blés*. Où est ce palais qui abrita nos chères espérances? où es-tu, toi, mon cher Daubigny? Te souviens-tu, ami, aux hautes régions où tu planes, de ces études que nous fîmes ensemble à Montigny-sur-le-Loing? Comme les prairies exhalaient la tendresse! Dans quel doux rayonnement le soleil s'inclinait, derrière l'église et les masures dégringolant la pente qui tombe dans la rivière! Te souviens-tu de ces oiseaux qui poussaient, dans l'épaisseur des joncs et des roseaux, leur note fraîche et passionnée comme celle de ta peinture?

Mais je m'aperçois que Daubigny m'a entraîné trop loin, ce qui m'arrivera encore avec d'autres personnalités, car il est impossible de suivre, tout le temps et pas à pas, une route absolument régulière. Je reviens aux premiers temps de la seconde République.

Les expositions n'avaient plus lieu au Louvre ; on s'était aperçu qu'il y avait abus et danger à recouvrir pendant trois mois les chefs-d'œuvre anciens par des toiles modernes moins consacrées. Elles se firent aux Tuileries d'abord, puis au Palais-Royal et au Garde-Meuble, faubourg Poissonnière. C'est à l'une de ces expositions que Millet apparaît pour la première fois, avec un paysan qui ne ressemble pas à son *Œdipe* que nous avons vu en 1848. Mais était-ce bien un paysan que cet emphatique *Semeur,* dont le geste, selon l'expression de Victor Hugo, voudrait s'étendre « jusqu'aux étoiles » ? La mise au point du poème permet tout, et ce qui fait bien dans une ode peut être déplacé dans un tableau. Dans la vérité, le semeur qui arpente son champ est plus modeste en son allure tranquille et monotone. Son geste, très simple. est loin de vouloir atteindre aux astres ; sa main revient sans cesse au sac attaché à sa ceinture, y puise le grain qu'il jette, en le dispersant, sans efforts, sur les sillons très voisins de ses pieds. Si l'action de semer est « auguste », elle est peu plastique. Néanmoins, le tableau de Millet, par sa tenue d'ensemble et la largeur de son effet, annonçait la venue d'un maître puissant. Nous le reprendrons au moment de sa vraie révélation, de même que Troyon, dont le succès commençait à se dessiner, quoiqu'il n'eût pas encore atteint sa grasse matière rustique. Il exposait des moutons extraordinairement empâtés, presque des bas-reliefs.

Parmi tous ces tableaux plus ou moins bien éclairés dans les salles des Tuileries, la foule distingua surtout la *Macbeth*, de Muller. L'*Attelage nivernais*, de Rosa Bonheur, obtint aussi un très vif succès par sa grande vérité. Je remarquai des paysages minuscules de la Charente, habilement peints et d'un accent particulier ; ils étaient signés d'un nom absolument inconnu jusqu'alors,

Eugène Fromentin. Les scènes populaires ne faisaient que commencer : Adolphe Leleux avait envoyé *le Mot d'Ordre*, petite scène de la rue pendant l'insurrection. Un jeune artiste, dont je n'ai rien revu depuis, Gérard Séguin, s'était inspiré d'une scène observée aux Tuileries le jour de leur envahissement par les révolutionnaires, le 24 février 1848. Ils se préparaient à fusiller un voleur. Nous ne tardâmes pas à assister à un très intéressant succès. Fromentin eut au Salon de 1850 cinq ou six toiles que je n'ai pas revues depuis. Je n'ai donc pu les comparer aux œuvres de sa maturité qui, certes, durent être plus habiles et plus savantes. Je ne veux pas être affirmatif sur leur valeur respective ; mais je puis dire que ce sont ses premiers tableaux du Sahara qui m'ont le plus ravi. A distance, ils ressemblaient bien un peu à des plaques de marbre où dominaient des tons gris mystérieux en opposition avec des violets et des orangés d'une harmonie très troublante. Dès qu'on s'approchait de ces masses d'abord confuses, on en voyait ressortir et se préciser les groupes très imprévus et très grouillants : cavaliers et femmes arabes, fellahs chargés d'outres, caravanes revenant de la rivière, files de chameaux arrivant vers les campements bariolés des oasis. Il y avait parmi tout ce monde une diffusion mouvante qui allait se perdre mystérieusement dans le rêve charmant des fonds infinis. Ce sont ces toiles imprévues que la lecture de *l'Été dans le Sahara*, cet admirable livre du peintre, réveilla dans ma mémoire, et je les crois les plus suggestives et les plus vraies. Serait-ce parce qu'il les a exécutées sous l'impression directe du merveilleux ravissement dont l'enivra ce pays vierge encore ; sous cette extase si bien exprimée d'après nature dans son livre, à la vue de ces contrées « de la soif, avec leur ciel sans nuage sur le sol sans ombre » ?

L'étrangeté farouche des débuts, il la remplaça, plus tard, par des qualités exquises d'élégance subtile et de finesse alerte, très appréciées des artistes et des amateurs, mais qui ne m'empêchent pas de regretter l'âpreté première. Il ne faisait guère d'études peintes d'après nature; il se contentait de croquis et de dessins très beaux, mais qui, lorsque ses souvenirs commençaient à s'affaiblir, ne réveillèrent plus toute la vivacité de l'inspiration fraîche. Il est regrettable que quelques franches pochades revues aux murs de l'atelier n'aient pas alors recoloré sa mémoire. Malgré le grand succès qui accueillit son *Passage du Gué* par une caravane si curieusement ciselée dans ses figures microscopiques et variées que semble éclairer un ciel du nord, je lui préfère de beaucoup certains paysages pris sur le fait, par exemple cet étang d'un bleu de saphir si intense en sa mâle vigueur, au milieu de terrains calcinés, sous l'azur splendide. Où est allée cette petite merveille de je ne sais quel Salon, la plus belle fête de lumière que le peintre ait jamais réalisée? J'aime aussi sa *Rue d'El-Agouat*, moins belle toutefois que la description qu'en donne *l'Été dans le Sahara*, et ce ravissant réveil du jour, où une femme toute bleue étrille un cheval blanc, près d'un foyer éteint qui fume encore dans la brume d'une aube nacrée, et d'autres pénétrantes impressions dont, après son pinceau, sa plume rend si bien la poétique torpeur et l'ivresse.

Fromentin n'était pas un artiste résumateur. Comme homme, il était aussi très spontané. Il suffisait pour s'en convaincre de le voir, au moindre choc, piaffer comme ses chevaux arabes; et, malgré cette nervosité de tempérament, il ne sortait jamais de sa correcte distinction. Quelle nature sympathique! Quelle mesure dans ses jugements, bien que passionnés! Comme il se connaissait lui-même! Quelle modestie dans son juste orgueil! Fromentin est une figure originale dont l'école française peut être fière; ceux qui l'ont connu savent qu'il était l'homme de sa peinture, subtil et inquiet, alerte et précis, se cabrant sous l'obstacle. Il fut aussi l'homme de ses livres, gentleman fier et sans reproche, éloquent, adroit à tous les tours d'esprit et, avant tout, avide de vérité.

Une piqûre de mouche charbonneuse l'a

tué au moment de ses plus beaux succès, alors que l'Académie allait s'ouvrir pour lui. Je l'avais quitté quelques semaines auparavant en pleine santé. Je venais de recevoir une de ses lettres où il mettait tout son cœur, à propos de mon premier livre dont je lui avais dédié une page inspirée par la baie de Douarnenez. Je me trouvais justement sur une des plages de cette baie que Fromentin aurait tant aimée, avec ses bords couverts de bruyères et dont les monts lointains revêtent cette couleur « fleur de pêcher » qu'il adorait, lorsqu'un ami m'apporta un journal en me disant avec émotion : « Fromentin est mort! » Ils étaient à jamais fermés au monde, ces yeux si beaux et si avides du beau. Il était allé mourir à la Rochelle, près de son berceau, victime d'un accident bien rare, celui qui avait si courageusement bravé les soifs, les soleils et les scorpions du Sahara.

Il laisse une double gloire. L'écrivain y a peut-être la plus grande part, si méritant que soit le peintre. Il y a bien longtemps que Théophile Gautier m'a dit : « *L'Été dans le Sahara* est un chef-d'œuvre. » *Une année dans le Sahel* est, presque au même titre, un admirable livre. Quelles merveilleuses pages aussi dans *les Maîtres d'autrefois*, surtout celles sur Rubens!

Fromentin vécut assez longtemps pour connaître le succès de ces ouvrages. Mais les critiques ne lui pardonnèrent pas *Dominique*. Il en fut très attristé, et me dit un jour : « C'est pourtant ce que j'ai écrit de mieux! » Hélas! il n'a pas connu les acclamations qui le vengent aujourd'hui.

Bien différent de Fromentin, Troyon, dont je voudrais donner ici un rapide portrait, était un artiste d'une nature inculte et tout instinctive. Grand de taille, large d'épaules, légèrement obèse, le cou fort, le front se creusant un peu vers le milieu, sur des arcades sourcilières proéminentes, le nez gros et long donnant à son profil une sorte de courbe qui le faisait un peu ressembler à ses béliers, l'expression ouverte et presque rude, l'accent faubourien et, par-dessus tout, un aspect bon et sympathique qui tempérait ce que son air eût pu avoir de commun ; tel je me rappelle Troyon. Les coins de sa bouche se perdaient sous les joues molles, semblables à des rudiments de fanons, trait qui complétait le rapport de sa physionomie avec celle de ses ruminants. J'ai connu en Belgique un autre peintre d'animaux, Xavier de Cock, qui a peint de très belles vaches qui lui ressemblaient. Rien de plus fréquent que cette sorte d'analogie entre les artistes et les êtres qu'ils peignent.

J'ai parlé des empâtements exagérés de Troyon ; il ne tarda pas à s'en corriger et, en 1853, il obtint un éclatant succès. Ce fut une surprise. Une de ses toiles, la meilleure, représentait une prairie de la vallée de la Touque en Normandie. Des vaches rousses et blondes, près d'un cours d'eau que traverse un pont rustique, font leur sieste, voluptueusement vautrées dans les herbes grasses ; au fond, de pétulants poulains se livrent à des élans de gaieté. Tout cela nous parut d'une saveur et d'une puissance

surprenantes. Les artistes et le public dési-
gnaient le peintre pour la médaille d'honneur, qui devait être décernée pour la première fois. Il la disputa au vote du jury, mais
elle fut attribuée à Henriquel Dupont pour
sa gravure d'après l'hémicycle de Paul Delaroche. Les qualités de Troyon ne sont pas
celles d'un raffiné. Elles procèdent de son
tempérament de faune amoureux de tous les
effluves agrestes, humant la volupté dans
les senteurs de la terre, même celle de la
brume des fumiers. Voyez son grand tableau
matinal du Louvre. Peu de style, un dessin
plutôt mou, loin de la précision de celui
de Rosa Bonheur qui exprime l'âme des
bètes, à force de les aimer; mais une touche
large et forte, une entente de l'effet; une
odeur de bouse et d'herbe mouillée, quelque
chose d'attendrissant et de poignant, même,
que comprendront tous ceux qui, à cette
heure de verdeur amère et évocatrice, ont
mêlé à la rosée leurs rêves solitaires.

Vers la fin de sa vie, le caractère de
Troyon s'aigrit. Comme deux ans plus tard

Th. Rousseau, il eut la faiblesse de tenir aux
décorations. A la suite de ses succès, il ne fut
pas nommé officier. Il en fut affecté, ainsi que
des attaques de certains journaux, aussi in-
justes que malveillantes. Il fut pris d'accès de
tristesse qu'exaspéraient de cruelles douleurs néphrétiques. Je l'ai vu dans des mo-
ments où ses plaintes étaient accompagées de
révolte, de colère même, contre des injustices
dont il se croyait victime. Les motifs qu'il
en donnait n'étaient pas complètement illu-
soires, mais il les exagérait. Sa gravelle
devait y contribuer. Finalement il fut pris
de la folie de la persécution. Il perdit complètement le sens de son art. Ses amis furent
forcés de cacher ses tableaux et ses études,
qu'il recouvrait de mauvais repeints. Il
mourut à l'âge de cinquante ans.

Je voudrais dire un mot de ce pauvre
Hamon. C'est vers ce temps qu'il exposa son
Égalité au Sérail qui le fit remarquer. J'ai
dit : ce pauvre Hamon, parce que, par une
insouciance de bohème, il ne sut pas tirer
tout le parti d'une délicieuse organisation,

et qu'il est mort avant la maturité de son talent. Jean-Louis Hamon — le nom a un caractère grec — était un épicurien dont le relâchement avait laissé intact le poème ingénu de son âme enfantine. Il était à la fois naïf et spirituel, excellent, avec, par instants, des colères comiques, toujours à demi plongé dans le rêve, ou plutôt rêve lui-même, car les traits de sa face d'apôtre semblaient véritablement enveloppés d'une brume éternelle. Son originalité était faite de fantaisie exquise et d'humour. Son intempérance, accompagnée de fantasque sensibilité, gardait je ne sais quoi d'attique. Ses amis (il n'en reste plus guère, et le dernier qui nous a quittés est Emmanuel Benner), ses amis : Eugène Lambert, Gérôme, Jean Benner, Harpignies et Jean Aubert, son intime, ne peuvent raconter ses coq-à-l'âne distraits sans une larme dans leur sourire, car nous l'avons aimé. Son grand succès a été *Ma Sœur n'y est pas*, que tout le monde connaît au moins par la belle gravure de Jean Aubert. Cette petite toile, digne d'illustrer une an-

thologie grecque, est d'un art juvénile frêle
et d'une ravissante pureté. De même son
Aurore buvant la Rosée. Pourquoi a-t-on
enlevé du Louvre sa *Comédie humaine?*
Ce tableau n'a pas toutes les qualités des
précédents, mais, par son interprétation familière et originale de l'antiquité vue avec
des yeux très modernes, il méritait de
rester dans une des salles de l'école française, où il aurait sauvé son joli nom de
l'oubli. Pauvre Hamon! je te quitte à regret!
Si je ne craignais de trop multiplier ici les
anecdotes, que de charmantes choses j'ajou-
terais sur toi! Mais j'en ai conté une partie
ailleurs.

Au Salon de 1853, Millet exposait, pour
la première fois, de vrais paysans, non pareils à son emphatique *Semeur.* Il avait représenté des moissonneurs au repos, au
bord d'un chemin, tandis qu'une fillette leur
apporte la soupe. C'étaient bien des paysans,
mais de quel sauvage pays! Encore un tableau que je n'ai pas revu à l'exposition
générale du maître. Il me semble que le

peintre n'a rien fait de plus farouche que
ces hommes couleur de terre cuite, la face
trouée d'yeux aveugles, le crâne déprimé
par l'empreinte du feutre, les poils laineux
et collés, les oreilles écartées, les bouches
lippues ; rien de si raide que leurs jambes
serrées dans la gaine du pantalon dont les
genoux ont distendu la bure en une bour-
souflure irréductible ; rien de plus étouffant
que cette atmosphère jaune comme si elle
était l'efffluve de tout ce froment que chauffe
un morne soleil. Je ne crois pas que le maître ait jamais fait preuve de plus âpre éloquence et de plus étrange caractère. La
fatalité qui condamne ces êtres à cet implacable labeur semble bien une punition d'un
Dieu irrité. Cette peinture, pour ainsi dire
cuite au furieux soleil, cette toile austère
et terne avec sa terre d'amadou, exhalait
mystérieusement la stupéfiante chaleur qui
brûle les sillons sous la canicule : embrasement morne où l'homme souffle, étouffe et
sue.

Cette œuvre impressionna diversement

l'opinion. Théophile Gautier en loua le côté farouche et fatal ; Paul de Saint-Victor s'en indigna, avec une cruelle éloquence, comme d'un hommage rendu à la stupidité. Dans tous les cas, un mâle venait de se révéler, un âpre amoureux des champs ; nous aurons occasion de le retrouver. J'en gardai une émotion profonde, bien que je me sentisse entraîné vers la nature par un tout autre sentiment, par son attrait abondant et voluptueux. À ce même salon, en même temps que Millet, j'avais essayé mon premier tableau rustique, un *Retour de Moissonneurs* au soleil couchant.

Mon ami Gustave Brion y avait deux tableaux d'un bon sentiment de nature : *Une récolte de pommes de terre pendant l'Inondation* et des *Schlitteurs de la Forêt Noire*. Ce début promettait beaucoup. Il fut suivi de succès relatifs, sans toutefois réaliser les espérances des admirateurs du peintre. Son talent ingénieux et se pliant à tout se laissa parfois influencer par la banalité de certains amateurs. Il eut le tort aussi de ne

plus quitter son atelier. Il aurait dù se re-
tremper à l'air de son pays, dans le vigou-
reux arome des sapins.

La préoccupation des scènes rustiques
était dans l'air. Beaucoup de peintres y ar-
rivaient ensemble sans se connaître et ne
pouvant s'influencer mutuellement. Courbet
continuait à occuper vivement le public par
les *Baigneuses*, les *Demoiselles de Village*
et les *Casseurs de pierres*. Comme c'était
prévu, l'art se démocratisait, il descendait
vers les simples, mais il se rapprochait de
l'âme de la création. Il poussait aussi à l'in-
dividualisme. On appelait cela le *natura-
lisme*. Nous verrons plus loin que l'isolement
devant la nature entraîne les uns vers l'im-
passe du matérialisme, et les autres, ceux
à qui la recherche des causes fait entrevoir la puissance créatrice, vers l'infini du
rêve.

Les salons vont offrir une plus grande
variété. Beaucoup de jeunes, de nouveaux
venus. Bida intéressait le public par des
dessins orientaux d'une réelle distinction

dans la recherche du caractère et qu'un soin trop minutieux refroidissait un peu; homme charmant, modeste, sincère et d'une grande tendresse pour ses amis.

Cabanel avait dans ses tableaux une grâce facile, une élégance aux attitudes languides, une pondération des lignes et des couleurs, qui longtemps séduisirent la foule. Il fut l'enfant chéri du succès.

Il avait débuté par des tentatives plus hautes. Un de ses envois de Rome, la *Mort de Moïse,* avait fait espérer un vrai peintre d'histoire. Il essaya plusieurs fois d'y revenir, mais, influencé par le goût mondain, son talent, poli et craignant les heurts, ne s'y prêta plus.

Correct et cordial, Cabanel eut beaucoup d'amis. Ses élèves, dont il s'occupait avec dévouement, l'adoraient. Il a laissé quelques portraits dignes de Philippe de Champaigne. Léon Benouville mourut trop tôt pour donner la mesure de ce qu'il rêvait. Un de ses tableaux : *saint François d'Assise,* a obtenu quelque célébrité.

Auguste Comte exposa longtemps des scènes d'histoire anecdotiques. Élève de Robert Fleury, il s'inspira de la manière de ce maître qu'il enjoliva sans en garder l'énergie. Laugée, artiste très digne et très consciencieux, combinait l'histoire et le genre. Le paysagiste de Curzon faisait de bons tableaux aux qualités discrètes et de très jolies aquarelles. Un autre paysagiste de très beau talent, Léon Belly, peignait des vues d'Égypte d'un rendu très exact où l'on eût désiré plus d'émotion. Ses vues de Palestine m'impressionnaient davantage, surtout sa troublante toile représentant la *mer Morte*. Auguste Bonheur ne fut en réalité, quoique praticien très habile, que le reflet de sa grande sœur Rosa. Hedouin continuait les paysans d'Adolphe Leleux, avec plus de naïveté. Yvon préludait à ses grandes batailles par des dessins à la sanguine visant Michel-Ange qu'il manquait et représentant des scènes de la *Divine Comédie*.

Lenepveu vient de mourir sans avoir

réalisé les promesses de ses débuts. Il avait commencé en audacieux et il finit en timide. Son prix de Rome annonçait une mâle énergie. On peut encore le voir ce *Vitellius* traîné par la populace, la tête congestionnée et hagarde, effroyablement renversée en arrière, le torse en raccourci, les mains épaisses tuméfiées par les liens qui pénètrent dans les chairs. Il exposait en même temps un *Martyre de saint Étienne* annonçant la même vigueur et il a clos son œuvre par cette *Jeanne d'Arc* du Panthéon distinguée et mièvre. Pauvre Lenepveu! ta plus belle œuvre a été détruite, cet admirable plafond de la salle de l'ancien Opéra incendié.

Ce peintre d'une austérité tranquille, plein de bonne foi, s'affaçait partout, tant il était ennemi de la réclame. J'avais une grande estime pour son caractère.

Tous les peintres dont je viens de parler prirent part à l'Exposition universelle de 1855. Nous y arrivâmes timidement avec une toile qui nous valut notre première récompense : des *Glaneuses,* sujet que je croyais vieux comme le monde et auquel l'on voulut bien prêter quelque nouveauté. Elles venaient deux ans avant celles de Millet, qui datent de 1857.

Oh! cette Exposition universelle de 1855! cette première grande victoire de l'École française! Quel attendrissement que d'y penser! Ils étaient là, tous les maîtres que nous venons d'admirer; plusieurs représentés par de vrais chefs-d'œuvre. Comme c'est loin de nous! Comme la France était fière! Quelle acclamation unanime de la part des étrangers! Et quelles ovations attendaient ceux d'entre eux qui reportèrent des couronnes dans leur pays! Je revois encore mon ami Henri Leys rentrant dans sa bonne ville d'Anvers, reçu par le Roi qui le nommait baron; et, lorsque je le félicitai, c'est en pleurant de joie qu'il m'embrassa en me disant : « Vive votre noble France! »

V

Ce fut en 1857 que le Palais des Champs-Élysées ouvrit pour la première fois ses portes aux artistes. Ils étaient bien loin de se douter que beaucoup des leurs le verraient tomber !

Cette exposition mit plusieurs noms en relief : Pils, qui attirait l'attention publique avec un *Débarquement des troupes en Crimée;* Belly, avec de superbes vues d'Afrique ; et Baudry, avec cinq ou six toiles importantes.

J'ai raconté dans *la Vie d'un artiste* que ma *Bénédiction des blés,* très mal placée d'abord, n'avait pu être appréciée que vers la seconde moitié de la durée du Salon, après le remaniement... J'étais devant ma toile, qu'on venait de descendre des hauteurs qui la dérobaient aux yeux du public, et je la regardais, tout heureux de la voir enfin à la cimaise, lorsqu'un jeune homme accourut vers moi et me sauta au cou en me disant :

« Que je t'embrasse pour ton ciel! » C'était Paul Baudry. On me pardonnera de rapporter ici ce compliment qui fait surtout l'éloge du cœur généreux d'où il est sorti. La joie que j'en ressentis fut doublée par celle de revoir cet ami tant admiré.

Il arrivait de Rome, triomphant. Jamais plus beau rayon de gloire n'éclaira un début. Edmond About, un autre favori de cette heure, fraîchement revenu de Grèce, précédé par un roman qui occupait tout Paris, avait dédié à notre jeune peintre le premier volume de ses Salons où il le célébrait dans mainte page. En tête de l'épître dédicatoire on lisait : « *Paoliccio mio !* » et cela attendrissait le public.

Il était en effet de petite taille, cet artiste charmant que la foule, pour la première fois, contemplait avec cette douceur particulière dont ses regards caressent les jeunes triomphateurs. Si vous voulez le connaître à fond, vous n'avez qu'à lire sa correspondance si intéressante, qui a été publiée. Il y est tout entier, avec sa vaillance infatigable, sa dou-

ceur, sa bienveillante ironie, son cœur dévoué. Il avait redouté beaucoup cette exposition, et il était tout à l'étonnement et à
la joie d'un triomphe. Certes l'avenir devait
paraître bien beau à ce jeune homme dans
l'ivresse d'un tel début. Il en jouissait avec
un tact parfait et en toute bonne camaraderie. Hélas! la gloire ne lui sera guère douce!

C'était une fête de nous revoir. Je fus
surpris du changement qui s'était fait en
lui. Quoique toujours très brun, il m'apparut
comme éclairci; l'œil plus tendre, la chevelure plus souple, d'une correction impré-
vue. Nous avions eu des rapports d'amitié
discrète et d'estime, huit ou neuf ans auparavant, à l'atelier Drölling. Nous ne les
avions entretenus par aucune correspondance pendant cette longue période si diffé-
remment passée. Mais nous nous étions
suivis en pensée. La publicité lui avait
appris mes débuts; quant à moi, j'en étais
resté aux conjectures, car il n'avait montré
ses envois de Rome qu'à l'École des Beaux-
Arts tandis que j'étais à Courrières. En ce

moment, il les exposait en bloc. Baudry était autrefois un garçon silencieux, aimant la solitude, s'isolant par une froide réserve, même au milieu de ses condisciples dont il était le point de mire, car la plupart cherchaient à l'imiter. Il avait la tête énergique, au hâle pâle, des dominateurs. Cependant l'empire qu'il exerçait était absolument involontaire. Nous lui reconnaissions une supériorité. Nous l'appelions « le petit grand homme ». Il était arrivé du fond de sa Vendée, à demi sauvage encore, résolu à parvenir, âpre au travail. Il apportait comme la fauve ardeur de la faune de ses bois. Ce fils d'un sabotier avait d'ailleurs l'audace prudente et réfléchie de ceux qui marchent dans les chemins non frayés. Nous nous serrions autour de lui, nous autorisant de cette indépendance que nous regardions comme une intransigeance pleine de promesses, pour défendre notre personnalité contre la règle académique. Nous l'aurions jugé indomptable, à voir avec quelle hardiesse il brossait ses études à l'atelier.

Mais nous nous trompions! Baudry était
modeste au fond, maniable sous l'influence
de son admiration pour les maîtres. De là
cette aménité bienveillante qui tempéra l'é-
nergie de son talent et de sa face de cor-
beau : il ressemblait à cet oiseau. Oui, si
nous applaudîmes son exposition de 1857,
séduits par tant de charme titianesque et
corrégien, nous fûmes étonnés de le trouver
si souple à fondre une originalité que nous
ne pouvions nous empêcher de regretter,
tout en partageant l'admiration générale.
Oh! que sa petite *Léda* était charmante!
Mais nous n'y reconnaissions plus notre
épineux Baudry. Les greffes avaient fleuri
sur le sauvageon. Nous attendions sinon
mieux, du moins autre chose de l'élève qui,
en 1848, dessinait si furieusement des scènes
de chouans sur la toile dont il avait tapissé
sa chambre, vrai grenier d'une maison isolée au milieu de la place Saint-Germain-des-
Prés et que le boulevard a emportée, alors
que sa fierté tranquille et son silence mé-
ditatif nous imposaient une sorte de respect.

Que sont devenues ses figures d'après le modèle vivant, un peu barbares, parfois bizarres de proportions, mais aux articulations si fermement élastiques, aux muscles souples, d'une seule et généreuse coulée !...

On connaît son enfance. Tout le monde a remarqué son tableau célèbre : *la Fortune et l'Enfant*. Le petit Paul a vu aussi la déesse lui tendre la main, non sur la margelle d'un puits, mais sur les ais mal joints d'une estrade de ménétrier, car le futur peintre des Muses faisait danser des paysans. Et cette fois, la Fortune, qui avait oublié sa roue, se présentait sous les traits d'un aimable homme, M. Renard, directeur des contributions du département. Plusieurs lettres du peintre témoignent à son égard d'une bien vive reconnaissance.

Ce fut dans les forêts rocheuses, parmi les houx épineux, les chênes rabougris aux mille racines tortueuses, les ronces et les fleurs sauvages, que le petit Baudry reçut ses premières impressions de nature. Il y poursuivait les papillons qu'il collectionnait, les yeux ravis de leurs couleurs dont plus tard il se servira pour les harmonies de ses décorations de l'Opéra. Son *Supplice d'une vestale* porte encore des traces de l'influence première : il y a là des figures enchevêtrées en broussailles avec leurs ossatures rugueuses, sous des muscles noueux, où çà et là une veine court comme une ronce, tandis qu'à côté s'épanouissent des jeunes filles et des enfants, avec l'âpre élégance et la fraîcheur des églantines. Ce tableau se ressent encore du lait sauvage sucé par le nourrisson. D'ailleurs et heureusement, malgré l'influence italienne subie, il ne s'en dégagera jamais complètement. Quelque chose d'âpre et de bien français subsistera dans son goût transformé. Il aura beau chercher les raffinements, il conservera toujours un peu de foin dans ses sabots vendéens. Mais comme c'eût été plus simple pour lui de ne jamais quitter son pays. Quelque grand que soit Michel-Ange, pourquoi se mettre à copier, et avec quel inouï courage! cette voûte de la Chapelle Sixtine? Rien de plus sublime que cette gigantesque épopée. Mais notre ami y a pris une formule qui n'est pas du vrai Baudry. Nous aurions préféré celle qu'il eût trouvée par lui-même.

La commande de l'immense décoration du foyer de l'Opéra, que lui confia son ami Ch. Garnier, a-t-elle été, comme beaucoup l'ont affirmé, une bonne fortune pour notre peintre? Il a dû le croire lui-même, dans l'enthousiasme de sa joie créatrice, lorsqu'il conçut cette œuvre olympienne toute rayonnante de lumière divine, toute cadencée de groupes aux gestes surhumains. Avec quelle ardeur il en a jeté les brillantes esquisses, tracé les harmonieux cartons! Mais que ne s'est-il arrêté là, et que n'a-t-il confié à d'habiles décorateurs ce que le reste de ce travail avait d'écrasant. Songez que Baudry a tout peint, lui seul, au moyen de procédés forcément sommaires, de formules nécessairement de pure pratique; lui, l'artiste d'abord énergique, puis délicat, que nous avons vu passer de la robustesse d'un sauvage début aux souplesses du voluptueux et tendre épicurisme où il ne tarda pas à se complaire. C'est ce peintre, fort et fragile à la fois, que j'ai vu, sur ses échelles, s'épuiser à l'acharnement d'un travail de praticien! Je crois encore l'entendre me dire : « Tu ne te figures pas ce que j'y dépense de force physique. » Il eût pu ajouter : « et d'inutile inspiration. »

L'œil du maître, surveillant le travail d'un préparateur, eût mieux conduit une exécution à peine appréciable d'ailleurs dans les conditions où elle se présente. Par quelques retouches, quelques *glacis,* quelques rehauts, il eût dirigé plus sûrement les larges élans de son imagination toute au souvenir de sa chère Chapelle Sixtine et il eût évité la fatigue d'une vaillance inutile et hâtive qui ne lui a pas laissé le loisir ni le repos indispensables à la pénétration complète de son rêve génial et qui a fait dévier, parfois, en torsions maniérées, l'allure trop improvisée de ses figures d'abord si magistralement conçues.

A ce tour de force merveilleux où s'est

épuisé Paul Baudry, combien de *Vérités
sortant du Puits*, combien de *Perles* et de
Vagues adorablement nacrées n'ont-elles
pas été sacrifiées!...

Malheureusement il est mort trop tôt.
La vieillesse lui eût ramené les sensations
de l'enfance et, avec elles, sa puissante
personnalité. C'est ce retour au berceau qui
a inspiré ses chefs-d'œuvre les plus personnels au Poussin, longtemps aussi trop
influencé par l'Italie. Mais Baudry n'a pas
eu cette faveur du sort! Si encore il avait
pu exécuter cette Jeanne d'Arc tant mé-
ditée, qu'il devait peindre au Panthéon et
qui allait lui reconquérir, tout entier, son
beau pays de France! Mais il passa les
dernières années de sa vie à peindre ces
immenses toiles décoratives du grand foyer
de l'Opéra, qu'assourdit la profusion des
ors, qu'écrasent d'énormes moulures. Il a
dû bien souffrir d'une entreprise si déme-
surée qu'il fallait pousser à bien, qui ne lui
permit pas de se reprendre en toute liberté
de création, et qui l'épuisa, je viens de le

dire, par le dur travail et le déploiement de force physique qu'elle exigea. De là peut-être cette mélancolie de fond qui ne le quittait plus que très rarement, et qui dégénéra en une profonde tristesse, source probable du mal qui l'a emporté.

Non ! la gloire ne fut pas douce à ce vaillant artiste. Elle lui restera fidèle cependant et plus d'une œuvre perpétuera la renommée de sa mémoire. Bien que son instruction première eût été fort négligée, Baudry, à force d'étude, s'était acquis une solide érudition. Théophile Gautier m'a parlé du style de ses lettres, avec beaucoup d'éloge. Il fut de plus un modèle de piété filiale, d'amour fraternel et de tendresse pour ses amis : tout cela justifie bien la dédicace attendrie d'Edmond About : « *Paoliccio mio !* »

Meissonier était brillamment représenté au salon de 1857. Sept tableaux : *la Confidence,* — *Un peintre,* — *Un homme en armure,* — *Amateur de tableaux,* — *Chez un peintre,* — *Jeune homme du*

temps de la Régence. — *Un portrait,* et
un dessin : *Joueurs d'échecs.*

Aucun artiste de son vivant n'a joui
d'une gloire comparable à celle de ce peintre. C'est peut-être ce qui a excité l'acri-
monie avec laquelle certains critiques chagrins ont attaqué sa mémoire, sans tenir
compte des égards dus à toute haute conviction. De si éclatants succès, en éblouissant
les uns, ne pouvaient manquer d'offusquer
les autres. Un seul homme la trouvait in-
suffisante, cette gloire, et cet homme c'était
Meissonier. Il en doutait même, lorsque
quelques heures s'écoulaient sans qu'il en
entendît parler. Ce fut le chagrin de sa vie.
Chose étrange! Il avait des mouvements
de cœur généreux; il n'était pas jaloux;
seulement, si un visiteur de son atelier
oubliait de lui donner de constantes marques d'admiration, son silence passait pour
un outrage. Notre peintre aussitôt le bou-
dait après l'avoir, l'instant auparavant,
embrassé avec chaleur. Et cette suscepti-
bilité, qui le rendait ridicule auprès de ses

meilleurs amis, tenait autant à son extrême
conscience d'artiste qu'à son orgueil. Au
fond, c'était un inquiet et qui avait besoin,
comme certains acteurs, des applaudisse-
ments de la claque.

Cette conscience si honorable avait pourtant un côté étroit. L'amour de l'exactitude
était tel chez lui, que pour sa *Retraite de
Russie,* il avait fait arranger un terrain de
boue dans son jardin, y faisant passer et
repasser des roues, des pas d'hommes et
de chevaux y mélangeant de la farine pour
imiter la neige fondante; et se servant,
pour peindre Napoléon, de la vraie redingote grise et du vrai chapeau qu'avait portés
l'Empereur. Pour étudier la marche des
chevaux, il avait imaginé un plancher
adapté à la voiture et avançant de manière
qu'il pût dessiner d'après nature le cheval
même qui le traînait. Tous les portraits,
tous les accessoires sont reproduits avec
le même soin jaloux. C'est une reconsti-
tution complète et extrêmement intéressante. On a presque l'illusion de cette fu-

neste fin d'épopée ; mais on n'y sent pas le grand souffle d'héroïque horreur qui circule dans la *Retraite de Russie,* de Charlet.

Ne croyez pas cependant que Meissonier manquât d'imagination ! Je l'ai vu dessiner d'idée des figures très justes de tournure et de caractère : mais sa mémoire et son intuition des choses étaient aussi minutieusement exactes que sa vue directe. Il voyait les détails trop gros et son œil de myope exagérait la perspective comme l'appareil photographique. Il avait la vision aiguë, inapte à saisir les harmonies diffuses, chères aux poètes. Il peignait par plans à facettes, accentuant les formes un peu durement. Il a fait de petits panneaux, qui sont d'incontestables bijoux d'exécution fine et ferme, mais comme ciselés dans le bois. Il ne connut pas le sentiment des souplesses et des veloutés des carnations ; aussi n'a-t-il jamais réussi les femmes. Il ignorait le charme infini de leurs grâces flexibles, de leurs modelés exquis. Il voyait tout, sauf le mystère. Aucun sa-

crifice, sa curiosité fouillait infatigable-
ment.

Il est encore trop près de nous pour
qu'on puisse le classer d'une façon définitive. La postérité ratifiera-t-elle l'admirable
place d'honneur accordée à sa statue? C'est
une si belle chose que la conscience absolue d'un artiste, même lorsqu'elle manque
d'horizon! On m'a assuré qu'il avait détruit
plus d'un panneau dont il n'était pas content, au moment où un amateur voulait le
couvrir d'or. Et pourtant, toute sa vie, il
fut dans la gêne. Car il n'était pas seulement fier de son talent, il l'était aussi de
ses chevaux, de ses voitures, de son luxe,
dont il ne jouissait guère, puisqu'il travaillait sans relâche.

Il me montra un jour ses calèches sur
lesquelles il avait peint des animaux en
sorte d'armoiries parlantes; et il me dit :
« Les rois ne sont pas assez riches pour
avoir des Meissonier sur leurs portières. »

Il vit l'une de ses ambitions réalisées lorsqu'on le nomma maire de Poissy.

Il a prouvé pendant la période, dite du
16 Mai, qu'il était capable d'indépendance
politique.

Très petit, le corps presque perdu sous
les longs flots de sa barbe de fleuve, il se
démenait dans sa démarche, aimait à se faire
remarquer, et à pousser des exclamations
aiguës. Il a eu un très grand tort en sa vie,
qu'il a, m'a-t-on dit, regretté au moment
de sa fin : ce fut de rendre possible, par
son importance, la fatale rupture qui sépare
les artistes en deux camps, au grand détriment de l'intérêt général de l'Art.

Mon intention, ici, n'est pas de suivre,
à chaque Salon, l'œuvre de chaque artiste
mais de regarder dans ma mémoire leur
production d'ensemble, comme je l'ai fait
au commencement, le plus souvent sans
date précise, seule façon possible de suivre
des évolutions, dont les points de départ
sont, d'abord, toujours confus et dont le
public ne s'aperçoit guère. Ainsi ne donna-
t-il pas grande attention, en 1861, aux
vastes toiles de Puvis de Chavannes, un

nouveau venu qui inaugurait un style inac-
coutumé de peinture décorative. Cet élève
de Th. Couture avait exposé, en 1859, un
retour de chasse que personne n'avait remarqué, mais cette fois-ci, dans les deux
très importantes compositions : *la Paix* et
la Guerre, de hautes qualités d'allure furent très appréciées des artistes et obtinrent
l'éloquente admiration de Paul de Saint-
Victor. Je n'affirmerai pas que ces œuvres
fussent absolument nouvelles. On y sentait
l'influence directe de l'école de Fontainebleau; et le Poussin aussi avait bien un peu
présidé aux lignes d'un paysage dont la
couleur délicate et effacée faisait en même
temps songer aux fresques du Primatice.
Cependant leur ensemble, quoique composite, ne manquait ni d'originalité ni de
noble grandeur. On était d'ailleurs loin de
prévoir l'extrême importance que leur
peintre prendrait un jour dans l'école française, bien qu'il fût applaudi par les délicats, ce qui est le signe des vrais succès.
Nous reparlerons de Puvis de Chavannes à

propos de la peinture murale dont il sera
le plus illustre maître.

En attendant occupons-nous un instant
de Théodule Ribot, qui était fidèle à toutes
les expositions.

Il semblait se renfermer dans je ne sais
quelle officine espagnole. Il a dû être un
habitué de ces salles du Louvre qui, jadis,
contenaient quatre ou cinq cents tableaux
venus de ce pays, déposés là par les princes d'Orléans, qui les réclamèrent après
1848. Qui d'ailleurs n'eût été attiré par
leur fanatique silence? Il m'en reste comme
un rêve plein d'effrayant mystère, d'extases
farouches, de noirceurs pieuses et d'éclats
fulgurants. Cela sentait le cloître et l'inquisition. Il y avait là des choses d'une
intensité lugubre, de férocité froide; des
supplices inimaginables, entre autres celui
de ce saint qui, tournant lui-même une
meulette, dévidait ses propres entrailles
enroulées tout autour. Et ce *Saint Barthé-
lemy*, de Ribera, quelle merveille horrible!
Des bourreaux l'écorchent tout vif, et le

couteau entre les dents, en arrachent avec des pinces les lambeaux de peau sanglante; et vraiment, les lèvres du patient tremblaient de douleur contenue et de prière. Et le *Saint François aux stigmates*, de Zurbaran, et les Herrera, et les divins Moralès, et les Goya! Comme toutes ces toiles vivaient étrangement dans ces salles austères et monacales pavées de carreaux rouges. Tout cela me revient à l'esprit comme un cauchemar dévot et grimaçant. Comme les décadents d'aujourd'hui y eussent guéri leurs pâles couleurs, leur mysticisme de petites nonnettes névrosées! Dire qu'il y avait là trente-neuf Murillo dix-neuf Velasquez, dont son merveilleux portrait d'après lui-même, vingt-six Ribera et quatre-vingt-un Zurbaran!

Est-ce là que s'est formé Ribot?

C'était un virtuose du pinceau, accrochant de fermes lumières sur des fonds uniformément noirs... Par une singulière coïncidence, les trois premières lettres de son nom sont celles de Ribera; et il semblerait qu'il n'a jamais regardé autre chose que les toiles de ce maître. Il en reproduit l'effet de cave, la touche dure, sans en donner toute la largeur et nullement l'expression vivante et tragique. Ce qui est manière chez l'Espagnol devient, malgré la verve du pinceau, manie chez le Français. Il exagère de plus l'aspect de terre cuite de son modèle.

Il eut, à la fin de sa vie, de très chauds partisans. Ils ont peut-être raison de lui accorder beaucoup de talent. Quant à nous, nous le trouverions plus intéressant si, au lieu de redire ce qui avait été mieux dit, il avait au moins, une fois en sa vie, ouvert sa fenêtre.

Ce que nous préférons de son œuvre, c'est son début. Il s'était alors adonné aux intérieurs de cuisine. Je me rappelle de blancs marmitons d'un brio et d'une solidité de peinture très appétissants. En ce temps-là, Ribot promettait de devenir un émule de Lenain.

C'est vers ce même temps que j'ai vu apparaître Gustave Moreau. Après avoir débuté par une *Mise au tombeau,* tout à fait dans la manière d'Eugène Delacroix, il s'était laissé longtemps oublier, se recueillant dans la retraite, en Italie, loin de tous. Un jour, on le vit arriver avec un *Œdipe devant le Sphinx* qui fit grande sensation, toile extrêmement travaillée, composée sous l'action d'influences diverses où dominait celle de Mantegna. L'exécution subtile et nerveuse de certaines parties du paysage rappelait Fromentin ; mais j'ai su depuis que le peintre du Sahara, à qui on faisait remarquer cette ressemblance, répondit avec sa bonne foi généreuse : « Je dois plus à Moreau qu'il ne me doit ; c'est lui qui m'a appris à émailler la croupe d'un cheval. » A côté de brillantes qualités qui ornent ce tableau, les personnages se modèlent sèchement, comme taillés dans l'ivoire, avec leurs membres roides et grêles, ornés de riches bijoux ciselés comme par un habile orfèvre. La couleur précieuse dissimule la fatigue et l'opiniâtreté du travail. C'est poignant quand même. Le sphinx est froidement féroce et le héros tragiquement découragé. Nous analyserons plus loin la manière de l'artiste, à propos de la grande action qu'il commençait à exercer sur les élèves de l'École.

Le nom de Fromentin qui vient de nouveau, à propos de Moreau, d'arriver sous ma plume, rappelle à mon souvenir deux peintres orientaux dont je n'ai encore rien dit : Berchère et Guillaumet.

Le premier, très modeste, avec un talent de demi-teinte, est resté dans la pénombre des coins oubliés. Je le regrette. J'ai vu de lui des tableaux d'un calme pénétrant. C'était un poète du pinceau, honnête et délicat, d'une harmonie très douce lorsque l'inspiration le servait bien, ce qui arriva maintes fois. Sera-t-il apprécié, aura-t-il son heure? A voir l'abandon du public, il a dû en douter amèrement. Rien ne nuit comme trop de discrétion à une époque où les charlatans sont crus sur parole! J'ai vu Berchère une seule fois. L'homme comme le peintre m'a laissé le souvenir d'une distinction réservée et très sympathique. Il a écrit un livre intéressant sur l'isthme de Suez.

Bien différent fut Guillaumet. Il débuta par des toiles sans personnalité, veules et insignifiantes. Elles avaient presque passé inaperçues lorsqu'il exposa un vaste tableau : *La Famine en Algérie.* C'était une mauvaise imitation des *Massacres de Scio*, d'Eugène Delacroix : dessin mou, aucune construction, des têtes grimaçantes sans expression. On le crut égaré pour toujours. Puis voici qu'apparaît son tableau charmant et qui fit grand bruit : *Fileuses Algériennes.* C'était miracle ! Peut-être un second voyage en Algérie lui avait-il ouvert les yeux. Il s'était assimilé plus intimement le pittoresque et le caractère de ce pays merveilleux. Certes, en y regardant de près, on trouvait toujours de la faiblesse de construction dans les figures, mais l'effet et le sentiment exprimé sauvaient l'aspect général. Il faut ajouter que l'examen de l'exécution donnait la clef du miracle de la transformation accomplie : on y trouve, au fond, des qualités personnelles, des souvenirs de Fromentin com-

binés avec le procédé plus gras et laineux
de J.-F. Millet. Guillaumet était d'ailleurs
doué d'une intelligence rare. Il a écrit
de belles pages d'impressions dans la *Nouvelle Revue*. Sa vie agitée s'est terminée
par un drame attristant.

Il ne faut pas non plus que j'oublie un
vrai paysagiste qui eut des succès vers 1865,
Francis Blin, franc et gai garçon; malheureusement enclin à l'intempérance
comme son ami Pelouse, cet autre paysagiste plein de talent dont nous avons aimé
la cordiale nature.

Blin revint un jour de la Sologne, appor-
tant un tableau bien simple : *Un étang*
endormi entre ses joncs et ses broussailles,
reflétant un ciel nacré, merveille de perles
en fusion et qui, je n'exagère pas, nous
apparut à tous comme un chef-d'œuvre.
Acquis par Maximilien empereur du Mexi-
que, il a été détruit avec le palais de l'in-
fortuné monarque. Peu de temps après,
Blin disparaissait lui-même sans avoir pu
refaire une œuvre aussi admirable. Pour

un artiste n'est-ce pas mourir deux fois !...
J'ai pu apprécier, en 1865, combien Blin
aimait son art, lorsque, dans une intime
camaraderie, nous passâmes ensemble une
laborieuse saison à Cernay-Laville. Que
d'excellents amis disparus : Feyen-Perrin,
Jules Héreau, Gustave Jundt, Gustave
Doré, Eugène Lix, Eugène Gluck qui mourut obscur mais qui mérite d'être cité ici,
car, comme je l'ai dit dans *la Vie d'un artiste*, il fut le père du *plein air ;* et le pieux
Timbal, et le spirituel Toulmouche dont la
joie était si contagieuse !.....

On n'a pas oublié les *Cancalaises* de
Feyen-Perrin, ni sa *Ronde d'étoiles*, ni
cent autres compositions d'un charme
langoureux, comme la malaria des fiévreux
et voluptueux crépuscules.

Ce même charme était répandu sur
toute sa personne, car ce peintre très passionné, très rêveur, admirablement beau,
n'a jamais connu la santé. J'ai raconté son
œuvre et sa vie dans un long article qui
accompagne le catalogue de son exposi-

tion posthume à l'École des Beaux-Arts.

Gustave Jundt, malgré son âme poétique, n'a fait que des œuvres incomplètes. En peignant, il bâclait à la diable des trésors d'imagination ; car il était le désordre lyrique et l'exubérance mêmes, avec je ne sais quoi d'enfantin, d'ingénu et de sensuel ; toujours en verve : perpétuel printemps où chanteraient et piailleraient mille oiseaux libertins, dans la pureté de l'azur et des fleurs...

Il a fait rire tout Paris.

Et voici qu'un jour on apprend qu'il s'est jeté par la fenêtre de sa chambre et qu'il s'est brisé le crâne sur le pavé...

Le pauvre garçon avait, tout à coup, vu clair dans sa vie, à la fois vainement laborieuse, dissipée et vide... dans sa vie d'ami de tout le monde...

Il avait fait tant de charges désopilantes, qu'à la première nouvelle de cette catastrophe, on crut encore à quelque plaisanterie macabre ! Hélas ! elle n'était que trop vraie ! Et nous qui l'avons pleuré, nous comprîmes combien nous l'aimions, ce charmeur, cet insouciant ami, et à quel point il nous manquait !

Cette mort me rappelle celle d'un autre camarade que j'allais oublier, Charles Marchal. Il fut comme Jundt l'ami de tout Paris, fêté, choyé et puis abandonné et on le trouva, un matin, dans la tenue la plus correcte, habit noir et cravate blanche, la tempe trouée d'une balle.

Lui aussi avait eu ses succès.

Un plus grand mystère plane sur la mort de Jules Héreau qui, debout sur une impériale de wagon, a heurté du front la voûte d'un tunnel. Il avait une nature de *gamin de Paris,* d'une vive intelligence ; très fin, très spirituel et très logique dans son talent alerte. Le gouvernement insurrectionnel de la Commune le nomma directeur du Louvre. Il m'a affirmé avoir contribué à sauver notre grand musée de l'incendie. Si cela est vrai, il faut le bénir. Mais il fut condamné ; il ne s'en releva jamais.

Gustave Doré, à peine adolescent, du

fond de son lycée, envoyait au *Monde Illustré* des dessins d'une verve merveilleuse. On ne pouvait s'empêcher d'aimer cet artiste, bien qu'il excitât plus d'étonnement que d'admiration comme tout ce qui est prodigieux. J'ai eu avec lui des rapports affectueux.

Beau garçon au minois joli et presque efféminé, très bien bâti, adroit à tous les exercices du corps, très spontané; enthousiaste quoique l'air triste et inquiet; l'esprit d'une promptitude extraordinaire, mais ne fouillant pas les vérités jusque dans leur profondeur, Doré avait le sang-froid, l'agilité miraculeuse d'un clown de génie. Il produisait avec l'aisance d'un sorcier. Ses dessins, lorsqu'il eut trente ans, couraient le monde par milliers; ils ne se comptaient plus, innombrables. Mais Gustave n'avait que faire de son universel succès de dessinateur. Ce bon camarade, très obligeant, nullement jaloux, cachait au fond de son âme un chagrin qui le minait secrètement, nuage sombre qui éteignait son regard;

une ambition toujours déçue après chaque
ardent essai, celle d'être un grand peintre.

On se rappelle ce qu'étaient ses tentatives : des toiles de quinze mètres, des sujets dantesques où le monstrueux tenait
lieu d'énorme; l'impétuosité, de fougue;
la lourdeur, de solidité; le *diable au corps,*
d'abondance; la virtuosité, de génie. Et il
multipliait ces tableaux que peu de monde
regardait, bien qu'ils couvrissent tout un
côté des grandes salles du Palais des
Champs-Élysées. Et puis il les roulait, les
envoyait en Angleterre, en Amérique, où
des *barnums* les montraient à coups de
grosse caisse, attirant la foule; succès auxquels, en fin de compte, il n'était guère plus
sensible que ne le sont les acteurs aux bor-
dées de la claque.

Gustave Doré n'a jamais eu de rival pour
l'improvisation.

Dans son vaste salon, rue Saint-Domi-
nique, où il aimait à réunir ses amis, de nombreux bois à graver étaient rangés sur une
longue table, les uns portant quelques coups

de crayon, les autres plus avancés ou presque terminés.

Après le joyeux dîner, tandis que l'exquis
Pagance (mort aussi!), l'inoubliable chan-
teur espagnol, scandait d'une voix charmeuse quelque grisant air de boléro, Gustave Doré, une plume, un crayon ou un
pinceau à l'encre de chine en main, allait
d'une planche à l'autre, de sujet en sujet :
dessinant, ici, un Arabe en prière; là, un
Pantagruel ou un Christ aux Oliviers; plus
loin, un Don Quichotte ou un Roméo; passant d'une bucolique virgilienne à quelque enfer Pyrénéen, d'un harem à une ca-
thédrale..... et Pagance se taisait, de chauds
bravos retentissaient, et Doré continuait.
frottait ou lavait un bois, grattait l'autre,
l'air distrait ou tout en racontant les nouvelles du jour...., et puis, je l'ai vu, parfois
soudain! comme piqué au cœur par je ne
sais quel irrésistible caprice de cabri,
s'arrêter et sauter par-dessus la table, à
la grande stupéfaction des invités qui ne le
connaissaient qu'imparfaitement, tandis que

l'excellente madame Doré, dont le regard ne perdait jamais son fils, levait dans un sourire d'adorable pitié ses maternelles épaules.

On sait que Gustave faisait aussi de la sculpture supérieure à sa peinture et qu'il jouait du violon comme M. Ingres lui-même.

On pouvait lire au bas d'un portrait en photographie exposé sur une console, cette dédicace : « A mon ami G. Doré qui n'est pas seulement un grand peintre, mais qui est en même temps un excellent musicien. » Dédicace signée. « Rossini. »

Mais le suffrage du grand maëstro ne lui suffisait pas quant à la peinture, et toute cette prodigieuse dépense d'activité où s'étourdissait notre ami, ne suffisait pas non plus pour qu'il pût se dissimuler à soi-même ce profond désenchantement dont il se mourait, de n'être pas un grand peintre.

Si je cherchais un artiste à opposer comme contraste à G. Doré, je choisirais F. Bonvin.

Autant l'autre avait d'abondance fantaisiste,
autant celui-ci était borné dans ses compositions rigoureusement privées de tout
prolongement humoristique.

L'exactitude était son lot.

Il peignait des sœurs grises coiffées de
leurs grandes ailes de papillons blancs; des
salles d'asile où se ramassent, comme un
frileux troupeau, entre les froides cloisons,
des groupes d'enfants, les yeux vers la
gaule redoutée que la maîtresse tient en
main, et des scènes d'hôpitaux et des salles
d'étude de casernes, où des pioupious,
devant l'explication au tableau noir d'un
sergent répétiteur, automates attentifs jusqu'à la stupidité, écarquillent en vain leurs
yeux pour laisser échapper les ténèbres qui
obscurcissent leurs crânes tondus.

Il apportait à ces tableaux une certaine
vigueur d'effet et un dessin dur. Il visait
Chardin et les Flamands sans atteindre leur
ingénuité ni leur sentiment de ce qu'on
appelait le clair-obscur.

Bonvin d'ailleurs se montrait souvent

homme d'esprit extrêmement incisif, même parfois cruel, bien que d'habitude il apportât beaucoup de naturel à affecter une bonhomie bourgeoise en même temps qu'une allure et un accent plébéiens. Au fond, personne n'était plus dédaigneux du talent des autres, ni plus prompt à aiguiser des critiques dont les traits ne manquaient pas leur but. Un jour, le jury de peinture, dont il faisait partie, s'arrêta devant un grand tableau où l'auteur, ne dédaignant pas les petits moyens à attraper le public, avait peint des guerriers dont les casques étaient ornés de plumes exécutées en vrai *trompe-l'œil*.

Bonvin avise à terre une plume d'oie. Il la ramasse, puis, inspectant le tableau comme pour chercher s'il n'y manque rien; il appelle le gardien de la salle, et lui remet la plume en disant : « Gardez ça, ça doit être tombé de là-haut. » Le peintre dont nous nous occupons a vu le jour dans un humble berceau, à Montrouge, des œuvres du garde champêtre qui en même temps tenait un débit de vin ; de sorte que son nom eût pu lui servir d'enseigne.

Dans une de nos tournées de paysagiste nous allâmes un jour nous y rafraîchir : c'était une maisonnette isolée au milieu des blés avec un jardinet aux fleurs rustiques et aux maigres arbrisseaux autour desquels en ce moment (comme ça doit être changé !) tourbillonnait un essaim de ces scarabées d'août, qui luisent au soleil, pareils à des hannetons, mais plus petits et autrement alertes... Et je m'étonnais que le petit maître des salles d'asile et des pioupious, ne s'inspirât pas plutôt de sa maison de naissance si tranquillement solitaire dans les blés. Je n'ai jamais vu Bonvin rire, mais il excitait le fou rire par la façon sérieuse et exquise dont il contait de comiques historiettes, surtout celles ayant trait à ses chers tourlourous.

Comme son art ne suffisait pas à le faire vivre, il avait obtenu une place plus lucrative, celle d'inspecteur du balayage des rues de Paris.

Alors, Bonvin, qui était resté veuf très jeune, se remaria, et voici le speech qu'au dessert du dîner de noces, il adressa à la jeune femme qu'il élevait jusqu'à lui : « N'oublie pas que tu entres dans une famille de robe et d'épée : mon père était garde champêtre et ma mère couturière. »

Mais je m'arrête ici un instant, car il me semble que les anecdotes m'entraînent un peu trop ; pardonne-le-moi, cher et indulgent lecteur, cela vient peut-être de ce que je touche à une époque dont il m'arrive d'irrésistibles souvenirs, à une époque où nous étions jeunes et joyeux quoique pauvres et obscurs, et où Bonvin, Brion et moi, nous avions nos petits ateliers dans la même maison portant le n° 53 de la rue Notre-Dame des Champs ; maison rebâtie, hélas ! de sorte que tout ce que nous y avions laissé de nous est perdu.

Oh ! ce soir de folie ; lorsque, autour d'un monumental pâté de Strasbourg que lui avait envoyé Rothau sa patrie, nous fêtions la première médaille de Brion, son premier

rayon de gloire, et que cet ami par reconnaissance, en fidèle Alsacien, s'était pa-
triotiquement grisé comme un Polonais;
avec quelle gravité, dans son accent faubourien, Bonvin lui répétait sans cesse :
« Brion, défie-*toé* de ton succès! » Je me
souviens que nous étions là une dizaine
d'amis. Je ne les revois pas bien, car nous
n'étions éclairés que par une tremblante
chandelle qu'obscurcissaient encore les fumées de nos pipes. « Défie-*toé* de ton succès! » reprenait Bonvin, pendant qu'il faisait
à notre lauréat la charge de lui prendre la
dernière pièce de vingt francs que le lavage
de ladite médaille avait laissée dans la
poche de son gilet. « Défie-*toé* de ton succès! » Mais Brion, qui dans son ivresse re-
devenait enfant, poussait de grands cris :
« Rends-moi ma pièce de vingt francs! »

El Bonvin la lui mettait sous le nez, puis
la retirait en scandant ces mots : « Ah! que
t'es rat, Brion : tu comptes avec tes amis!
Mais, malheureux, *moé* qui t'ai pris ta pièce
de 20 francs, est-ce que je compte, *moé!* »

Dieu! que tout cela est loin!

Au moment où nous sommes arrivés, l'école française, on le voit, offrait une très grande variété dans les talents. J'ai tâché d'en indiquer les types principaux, négligeant naturellement, quel que fût d'ailleurs leur mérite, les peintres qui en sont comme la suite affaiblie, eussent-ils l'importance d'un Schnetz ou d'un Lehman. Mais avant que l'ordre de cette étude amène les autres personnalités qui poussèrent aux mouvements d'art dont il me reste à suivre les manifestations plus ou moins heureuses, je vais surtout m'occuper de la marche générale de la peinture et de ses nouvelles tendances.

Comme j'ai pris la résolution de ne pas discuter les artistes vivants, les noms se feront de plus en plus rares sous ma plume. Je ne dois pas toutefois oublier Ch. Chaplin qui, avec un très agréable talent, continua le genre de l'école du xviiie siècle, appliqué à des sujets modernes.

Ses débuts avaient eu une tendance réaliste; je me souviens de petits tableaux re-

présentant des porchers pyrénéens. Il se
fit ensuite remarquer par un beau portrait
de sa sœur qui n'avait rien de l'afféterie du
Louis XV. Aussi fut-on fort surpris lorsqu'on le vit arriver avec des trumeaux à la
Boucher, qui n'étaient d'ailleurs pas sans
grâce charmante. Il aimait à provoquer les
éveils de la chair; à opposer, en les faisant
lutter de finesse et d'éclat, les roses ver-
meilles aux seins de lys des jeunes filles.
Il a décoré le très élégant salon de l'Impératrice au pavillon de Flore.

En 1847, il avait déjà quitté l'atelier de
Drölling dont comme moi il fut élève. Je me
rappelle l'y avoir vu à de lointains inter-
valles. C'était un élégant jeune homme af-
fectant un peu la tournure anglaise.

L'un des premiers, il apporta à la peinture de chevalet l'apparence des procédés
de l'art décoratif. Il y gardait ses qualités
de coloris et de modelé, qualités que négli-
gèrent plusieurs de ceux qui l'ont suivi dans
cette voie; car ils ont supprimé les valeurs
et se sont bornés à de simples silhouettes

pâles sous prétexte de faire clair. Ceux-ci se sont contentés du ton abstrait sans le soumettre à la gamme des relations. C'est supprimer la vie. Ils aboutissent au vide.

Nous voyons, d'un autre côté, cette importante question des relations mutuelles des règnes préoccuper une grande partie de l'école française. A la suite des paysagistes de Fontainebleau, des artistes cherchent à découvrir les rapports qui, par mille effluves sympathiques, unissent la vie des choses à celle des êtres. Ils se lancent dans des tentatives visant la multiple expression des effets dans l'infini des harmonies. L'air pour eux n'est plus un fluide impassible, il tremble dans une sorte de vibration morale. Il a ses gaîtés, ses sourires et ses tristesses. L'art associe plus directement le ciel et les éléments aux affections humaines. Solitairement guettés dans le rayonnement de leurs réveils, dans l'énergie de leurs intensités, dans l'apaisement de leurs sommeils, ces éléments, par une sorte de magie harmonique, mêlent leur langage à l'expression de

nos sentiments et de nos pensées. La terre
chante, sourit ou gémit. L'astre du ciel, clé-
ment ou terrible, mûrit ou brûle les mois-
sons; voluptueux, il lutine les fleurs; monarque, il transfigure les êtres et les choses
dans les ondes de sa pourpre royale; farouche, il enveloppe leurs catastrophes d'un
feu lugubre; Dieu des airs, lorsqu'il se repose de sa splendide gloire, il s'assoupit
dans un champ de prière. Tous les effets de
la nature sont tentés. La lune aussi nous
montre sa face propice ou menaçante; lorsqu'elle se mire et qu'elle égrène ses perles
sur les flots endormis, ou lorsqu'elle effiloche
ses dentelles sulfureuses et ses halos roux
dans la mêlée furieuse des nues où elle
court échevelée; mystique parmi les blan-
cheurs des gothiques aiguilles; charmeuse
étrange lorsqu'elle s'évapore dans les
poèmes du songe; merveilleuse quenouille
des vieilles légendes, car tout se renou-
velle, tout revient, même l'imprévu. Dans
l'un des plus beaux tableaux de Millet on
la voit incliner, lueur errante, son regard de

bonne pastoure sur un parc à moutons.

Oui, tout revient! Il n'est pas nouveau le souci de la vie passionnelle des choses : il ne fait que se présenter sous une face rajeunie. Léonard de Vinci, le Poussin et Rembrandt l'ont connu. C'est pourquoi ils parlent à l'âme à travers les yeux. Il y a long-temps que la source pleure ou chante, et que l'ondine se démène dans l'onde folle, éparpillant sur la berge des perles irisées. Est-ce que les Grecs n'ont pas tout vu, tout senti? Mais des siècles se sont écoulés qui n'ont pas aperçu cette lumière du sentiment. La gloire du nôtre sera de l'avoir revêtue d'expressions nouvelles. Aujourd'hui, au lieu de personnifier la nature comme les anciens, on cherche à en transfigurer l'apparence vulgaire en lui prêtant une âme, qui la mette en communication avec l'âme humaine par la magie harmonique des sons, des formes, des couleurs, des rêves et des passions.

VI

Voici Manet. Nous le voyons pour la première fois au Salon des refusés, en 1864, avec un *Déjeuner sur l'herbe*. Cette toile aurait dû être reçue. Elle renfermait quelques tons fins, des blancs et des noirs harmonisés avec le vert du gazon. En quoi choqua-t-elle les habitudes routinières? Je l'ignore. Elle ne sort pas des choses alors connues. Après les *Baigneuses* de Courbet que pouvait-elle avoir d'extravagant? Peut-être déplut-elle par l'affectation du mépris pour tout modelé. J'insiste sur ce point. C'est peut-être ce manque de modelé qui a fait d'abord passer Manet pour un novateur.

Je touche à une question qui a excité beaucoup de controverses plus ou moins ardentes. Je sais combien mon intervention est délicate ici. L'intérêt de la vérité doit être plus que jamais mon seul but et mon seul mobile. D'abord une chose me met à l'aise; c'est que Manet, comme homme, m'était fort sympathique et, si je n'aime pas son laisser-aller, j'ai goûté plusieurs de ses œuvres et je les préfère toutes à la banalité courante. Ceci dit, j'affirme que son influence, très considérable, n'a fait que retarder le progrès parce qu'elle a amené la peinture facile des simples ébauches, peinture accessible à d'innombrables amateurs qui ont partout multiplié les barbouillages, au détriment de l'art et des vrais artistes. Cette dernière considération explique la folle cohue des adhésions intéressées. D'ailleurs cette influence a été d'abord une réaction; car, comme Courbet, Manet, dans les commencements, s'inspirait des vieux tableaux. Et si plus tard il a modifié sa manière, c'est pour amener la peinture blanche et par plaques crues, sous prétexte de lumière. Or cette erreur aboutit à empêcher toute lumière, puisqu'elle est la négation des valeurs relatives sans lesquelles aucune vibration lumineuse ne peut se produire. Nous assistons maintenant à une réaction en sens contraire et le succès va plutôt aux tableaux noirs. Ce sont toujours, dans le même cercle tournant, les mêmes fluctuations au milieu desquelles les créateurs marchent sans détourner les yeux de l'horizon où tendent leurs efforts.

Oui, Manet fut d'abord un réactionnaire : puis, l'initiateur des productions faciles, multipliées et stériles.

Rousseau et Corot, élèves des anciens, s'étaient engagés dans les sentiers non battus; ils y ont fait de vraies découvertes de valeurs et de vibrations; en eux, la nature chanta des hymnes imprévus. Ils ont ajouté des strophes au grand poème de l'harmonie universelle, suivis par Millet, Daubigny, Troyon, Fromentin, et autres explorateurs de régions nouvelles. Eh bien! qu'a fait Manet? On l'a vu au boulevard des Italiens où une trentaine de ses toiles furent réunies en une exposition particulière. C'est là que commença une dispute qu'on eût crue sans importance et où les critiques furent beaucoup plus nombreuses que les éloges. Tous ces tableaux témoignaient d'une facilité hâtive très éloignée de la vraie fécondité. Il y avait des scènes de la rue, des toréadors, des paysages, des natures mortes, dont quelques-unes très fines; des pochades informes, des choses plus faites, — tel cet élégant *Enfant porteur d'une épée,* — mises à peu près au point désirable; oui, il y avait de tout dans ce concert de toiles, et si le peintre y révélait des bizarreries particulières, des trivialités osées, on y eût en vain cherché un accent nouveau de la nature. On y trouvait surtout des imitations extrêmement lâchées, ignorantes même, parfois plus ou moins heureuses ou informes, de Velasquez et de Goya. On a prétendu que l'*Homme mort* était presque une copie du premier.

Et des critiques à courte vue acceptèrent, comme des trouvailles de génie, ces vieilleries assez maladroitement exhumées. Oui, Courbet et Manet commencèrent par donner des œuvres inspirées par les vieux maîtres et c'est par une étonnante erreur qu'elles furent présentées comme des manifestations d'un art nouveau. Ils durent eux-mêmes n'en pas être dupes. Mais il fallut bien qu'ils justifiassent ce rôle de révolutionnaires qu'on leur attribuait, et ils s'élancèrent avec une impétuosité peu réfléchie dans le champ des recherches personnelles. Manet y fut-il plus heureux que Courbet? Nous le verrons plus loin.

Je suis l'ennemi des coteries. L'isolement où j'ai vécu m'en a d'ailleurs toujours tenu à l'écart. Je ne suis donc pas suspect lorsque j'affirme que je suis partisan convaincu de la liberté dans l'art. Mais je crois aussi que le caprice seul est impuissant à rien produire de durable. La nature a des lois essentielles qu'il est absolument nécessaire de connaître et d'approfondir. L'observation de ces lois, loin de nuire à l'originalité de chacun, ne fait que la développer en intensité et lui permettre sans danger les plus grandes audaces. D'un autre côté, je crois à l'éternité de l'art, je crois que les époques de folie et de défaillance ne font que préparer de nouveaux efforts qui amèneront des phases triomphantes et encore inconnues. Après cela, je suis bien à mon aise pour affirmer que, depuis quinze ou vingt ans, les rêves les plus creux, les théories les plus insensées se sont fait jour. On nie l'évidence du vrai; on fait la nuit du néant, pleine de rêves bizarres et vains. Des créations monstrueuses et informes sont proclamées incomparables merveilles. Toute extravagance trouve un critique d'art pour crier au sublime. Plus elle sera insensée, plus son thuriféraire exaspérera l'exagération dithyrambique de ses éloges : « C'est divin! c'est inespéré! » sont des expressions faibles aujourd'hui. Pour combattre ou louer des chimères, on a besoin d'une langue chimérique. La langue française si belle, si claire, si nerveuse, si ferme, si rayonnante, qui a servi à merveille tant de génies, se complique de mille efflorescences maladives comme ces vieilles branches de pommiers qui se couvrent de lichens et de verrues. Bientôt nous n'y verrons plus la coulée de la sève, l'allure de la vie; et, comme ces rameaux déchus, bientôt elle ne donnera plus que des fruits malingres.

Le public, en attendant, ne sait plus à qui entendre. Tout est renversé. Les artistes laborieux *qui suivent les expositions* avec des œuvres vaillantes que parfois a trempées une misère discrète, sont accusés de chercher la réclame dans *un grand et mercantile bazar*. Qui les accuse ainsi? — La réclame elle-même, qui devrait au moins les laisser tranquilles, et qui les écrase du pied en se dressant pour célébrer les « palpitations géniales » des seuls honnêtes, seuls modestes et sincères vivant dans de laborieuses solitudes, — laborieuses en effet, car il en sort des cargaisons de barbouillages. Oh! ceux-ci ne font pas de « concessions »; ce sont de vrais « indépendants » qui ne transigent pas avec leur conscience; ils ne « sacrifient pas au public » : pourquoi faut-il qu'ici, sacrifier au public, ce soit dessiner, modeler, avoir le sens commun !

Mais je reviens au cœur de mon sujet. Nous en étions à Manet qui, bien involontairement sans doute, fut l'occasion de toute cette Babel. Je crois qu'il en serait lui-même effrayé. Il ne fut pas moins le point de départ de cette grande licence. Depuis sa mort, une extraordinaire réclame a battu le rappel autour de ses ébauches, réclame inexplicable, car lorsqu'on revoit les toiles de ce peintre au Luxembourg, son *Olympia* entre autres, on est surpris de tout le bruit qu'elles ont fait. Ce sont des blancs plaqués sur des noirs, des noirs sur des blancs, des figures sans la moindre souplesse, cernées de gros contours comme des vitraux. Les recherches personnelles de Manet se sont bornées à juxtaposer, dans une sorte de marqueterie, des notes claires et crues, qui parfois ne manquent pas d'agrément, au mépris de tout modelé. On sait combien il est difficile de bien modeler, tout en gardant la fraîcheur du ton. Et pourtant qu'on ne s'y trompe pas : sans modelé, pas de vie. Ce peintre ne donnait que des images inanimées. Il inventa cette mode de peinture blafarde et criarde à la fois, plate, aux pâles couleurs, effleurée, où la moindre fermeté s'accentue en dureté.

Cette manière a pu servir à certaines peintures décoratives, comme nous le verrons plus loin. Mais on citerait difficilement un de ses adeptes qui en ait fait autre chose, dans la peinture de chevalet, que des imitations blafardes.

Certes on ne peut pas faire dériver de Manet notre Henry Regnault, bien qu'il ait aussi médit du modelé. Je vois plutôt en lui, comme en Gustave Moreau, un romantique attardé. Son *Général Prim* fut un très remarquable début. Il est peint avec une crânerie, une fougue, une facilité de brosse, presque téméraires, sans pourtant porter la marque d'une bien réelle originalité. Il fait penser à la fois aux Anglais, à Velasquez, à Eugène Delacroix, je dirais même à Devéria, s'il n'était très supérieur à celui-ci. Il faut pourtant reconnaître qu'il garde au Louvre une bonne tenue, ce qui prouve un vrai mérite.

Puis Regnault changea de route. Il n'a pas eu le temps de nous prouver qu'il eût raison de le faire. Sa *Salomé* ferait croire à la négative. Ce tableau est brillant, facile, et d'un art tout extérieur comme caractère. Regnault s'éprit tout à coup pour l'Espagne d'une passion sans mesure, d'un enthousiasme exclusif. Il eut le délire de la lumière, de la lumière dévorant toute demi-teinte, tout modelé. Ses lettres écrites de Grenade témoignent d'une exaltation extraordinaire. Son amour pour le soleil de ce pays ressemble au vertige héroïque des cigales. Son génie, toujours frémissant, s'y enflamma, un peu dans le vide, avec l'intrépidité de ces frêles virtuoses des blés qui meurent de la trépidation de leurs cris exaspérés. Ainsi écrivit, peignit et combattit Henry Regnault, sa prunelle folle de rayons, son âme fanatique de gloire, son cœur brûlant de patriotisme. Eût-il été un grand artiste? Je n'en doute pas, si la mort n'en avait fait un héros tombé, jeune, comme le souhaitaient les Grecs, et pleuré par la patrie.

Le tableau de cette mort était digne d'être peint par un autre artiste ardent, De Neuville, qui peut-être s'en fût inspiré, si lui-même il n'eût trop tôt suivi dans la tombe son vaillant camarade. Alph. de Neuville avait toutes les qualités du peintre militaire; la fougue et la flamme pour animer ses combats et l'amour ardent de la patrie, au point de ressentir la douleur de ses plaies. Ne discutons pas son art; acceptons-le tout entier comme une vibrante manifestation de dévouement chevaleresque. Il se compose en majeure partie de grandes esquisses admirablement justes de mouvement et d'expression, prises sur le fait avec leur coloration et leurs effets toujours bien appropriés. Il avait débuté, encore adolescent, il y a bien longtemps, par une *Bataille d'Inkermann,* où, à côté d'inexpériences inévitables, on remarquait déjà toutes ses qualités naissantes. Puis, pendant plusieurs années, il ne donna que des toiles ordinaires, jusqu'au moment où la rage de nos défaites lui inspira les œuvres si vivantes qui font honneur à notre école. Il mérite sa statue. Comme homme, De Neuville, très beau garçon et toujours tiré à quatre épingles, ne laissait nullement deviner l'âpreté de son talent. Cœur généreux, il se réjouissait du succès de ses camarades autant que des siens propres : demandez-le à Detaille, qu'il aimait comme un frère.

Un jour il aperçut chez M. Goupil ma *Ronde de la Saint-Jean* qui venait d'y arriver. Il en fut content, et je ne saurais dire avec quelle joie il me l'écrivit aussitôt. Cette brave lettre, je la conserve parmi mes plus précieux autographes.

Avant d'aborder G. Moreau, disons quelques mots de son ami intime : Élie Delaunay.

Cet excellent peintre, qui mourut sans avoir pu terminer son œuvre principale, sa peinture murale du Panthéon, était un laborieux tranquille et lent, mais dont les aspirations ne manquaient pas de noblesse et qui mettait de l'énergie à l'accentuation des types. Nature mystérieuse, fermée, et quand même sympathique, Delaunay avait la parole rare et légèrement ironique, l'air reservé et même dédaigneux, bien qu'il ne le fût nullement. Il recherchait la solitude, et pourtant ce n'était pas un rêveur ; il l'aimait par esprit d'indépendance. Il a fait de bons tableaux, jamais vulgaires, d'un style sévère, comme cette *Cène* très remarquée, et qui fut son meilleur envoi de Rome. Il me semble moins heureux lorsque, dans ses sujets mythologiques, il cherche la beauté de la femme. Il n'y met pas toujours toute la souplesse nécessaire. Parfois il alourdissait ses toiles sous l'insistance d'un pinceau trop consciencieux, serrant le dessin jusqu'à la sécheresse. La *Peste de Rome*, qui n'est véritablement qu'une grande esquisse, est une de ses plus belles œuvres, d'un sens touchant et dramatique.

Mais la meilleure part de son œuvre se

compose de ses portraits. Dans ce genre,
il a fait quelques vrais chefs-d'œuvre. Les
succès de Delaunay ne pénétrèrent jamais
parmi le public et n'intéressèrent que les
artistes et les amateurs délicats; cela prouve
que, s'ils ne furent pas toujours brillants,
ils restèrent de bon aloi. Il avait une tête
monacale, et on n'aurait pas été étonné de
le voir peindre dans un couvent à l'exemple
des artistes du mont Athos. Il était, je le
répète, très lié avec cet autre mystérieux
dont parfois il subit l'influence : Gustave
Moreau.

Encore un solitaire! et plus fermé que
Delaunay qui, tout en s'isolant, montrait ses
œuvres. Le peintre du sphinx, lui, les dérobait à ses meilleurs amis, les cachant avec
un soin fébrile, autant par crainte de la mo-
bilité de ses propres impressions que par
défiance de celles des autres. Il fuyait les
conseils qui eussent pu porter atteinte à sa
personnalité, d'ailleurs très complexe et
d'ordre composite. De là cette misanthropie
inhérente aux solitaires et qui d'ailleurs

n'empêchait pas que, dans ses relations, il fût l'homme le plus séduisant et le plus sociable du monde. Aussitôt qu'il se livrait, il mettait un extrême abandon dans ses confidences, et la plus rigoureuse politesse jusque dans les vives impatiences de son tempérament nerveux. Il avait des enthousiasmes lyriques tenus en bride par ses doutes philosophiques, de la générosité, des élans de cœur, et une vraie indignation contre toute perversité ou duplicité.

En peinture, il faisait grand cas de l'exécution. Il aimait beaucoup celle de Vollon et détestait véhémentement celle de Puvis de Chavannes. On voit que la nature de l'homme était aussi compliquée que celle de l'artiste. Il avait des côtés insaisissables, mais c'était un vrai charmeur, et sa mort a vivement impressionné ses amis qui l'adoraient.

Son œuvre très subtil n'est pas facile à juger d'une façon absolue. Près de certaines recherches chimériques communes aux isolés et qu'on remarque surtout dans ses nus, aux membres d'ivoire arrondis à la lime et ornés de maigres franfreluches, s'ouvrent des écrins de vrais trésors. C'est un poète confus et un joaillier précis. Les topazes, les émeraudes, les escarboucles, éclatent avec une impitoyable acuité de ciselure sur des rêves sans fond. On le trouvait souvent, le samedi, au Louvre, avant l'heure de la séance de l'Institut, en extase devant certaines toiles de la petite galerie des Primitifs italiens. Comme eux, il fut habile à composer une architecture fantastique et riche, à la peupler d'apparitions étranges.

Que d'éléments forment son talent! Il part de Delacroix qu'il a entrevu à travers son cher Th. Chasseriau, cet autre peintre aux hautes visées, qu'il aima comme un frère, qu'il a célébré dans un de ses meilleurs tableaux : *le Jeune Homme et la Mort,* et dont il ne parlait jamais sans une profonde émotion. Chasseriau ne se détacha jamais complètement de son premier maître, bien qu'il ne tardât pas à associer à son influence celle d'Ingres, compromis peu propre au développement de sa personnalité, que je regrette, car, particulièrement doué, il n'aurait jamais dû se détourner de son chemin. Gustave Moreau, au fond de toutes ses transformations, est resté un Delacroix en miniature. Plus imaginatif par la couleur que par la forme, il interprète en coloriste précieux et dramatique en même temps, les mythes antiques qu'il déforme en y introduisant des symboles modernes. Car il est très moderne, ce byzantin dont la fantaisie mêle des étrangetés très neuves à des aspirations vers je ne sais quelle Inde monstrueuse, cet artiste bizarre, sorte de nécromant qui évoque les morts en invoquant l'avenir.

C'est avant tout un poète charmeur. Il recherche bien plus, dans ses peintures, l'arabesque générale que la beauté de la forme humaine. Il ne construit pas ses figures ; il n'y met pas le souffle. Ce peintre érudit connaissait toute la peinture des maîtres dont il s'aidait pour exprimer des pensées personnelles. Malgré ses efforts à

la poursuite d'une belle exécution, il ne par-
vint jamais à vaincre toutes les difficultés
désespérantes de la peinture à l'huile,
et à trouver sa manière définitive. Son
triomphe, c'est l'aquarelle. Chez lui, à côté
de cette opulence barbare et raffinée qui
semble lui arriver des rives du Gange parmi
d'étincelants vols d'oiseaux ; de cette passion
des patientes recherches, des laborieux caprices, des colorations puissantes et poi-
gnantes ; comme, au lieu de ces maigres
rigidités à la Mantegna, nous préférerions
la vie abondante et saine, la circulation du
sang dans les vrais muscles, la sereine
simplicité et la large saveur de l'éternelle
beauté. En somme, il a fallu à Gustave Moreau, pour bien souder ensemble tant d'emprunts, d'exquises qualités et une personnalité non douteuse. Il fut plutôt un grand
artiste qu'un grand peintre.

Orateur admirable, avec quelle éloquence
il parlait de son art et de la musique qu'il
adorait et pratiquait aussi ! Dans sa jeunesse
il chantait délicieusement, d'une ravissante

voix de ténor. Ajoutez à tout cela une noble ambition, un amour de la gloire réduite à quelques admirations de choix. On ne peut pas dire que physiquement il fût beau, mais il séduisait tous ceux qui l'approchaient par sa parfaite distinction et sa verve généreuse.

Tel fut Gustave Moreau.

Personne ne fut plus aimé que ce solitaire si noblement jaloux. Mais sa mémoire nous pardonnera de trouver dangereux le grand ascendant que, par son enseignement trop âpre au prosélytisme, il exerçait sur ses élèves. Et si Manet peut être jusqu'à un certain point responsable des écarts de ceux qui se sont appelés *impressionnistes*, probablement parce que leurs impressions sont d'autant plus étalées qu'elles sont moins profondes, Gustave Moreau n'a-t-il pas servi d'excuse, quoique ne sortant pas d'un art respectueux et décent, à cette invasion qui, sous prétexte de *symbolisme,* nous a valu, viciées par un érotisme de décadence, tant de fausses imitations des naïves hardiesses des Gothiques?

Je vénère les pieux artistes du moyen âge qui nous ont donné tant d'œuvres adorablement ingénues, d'une brûlante ardeur; et j'approuve ceux de nos peintres contemporains qui, sincèrement, remontent s'inspirer à l'amour mystique : je ne puis pourtant pas ne pas protester contre l'abus qu'on fait de ces exemples pour exalter des futilités archaïques dont les prétendues naïvetés ne font que souligner, en les voilant, de mièvres obscénités; contre ces faux mystiques que devrait plutôt attirer l'art pléthorique d'un Jordaens, et qui s'amusent à des enluminures perverses où, parmi les rinceaux d'or et les chétives efflorescences de carmin, se déhanchent des figurines aux yeux de bayadères, aux chevelures multicolores, aux membres lascivement grêles où s'étalent de provocantes mouches pompadour, tout cela filé d'une main habile aux lignes cursives, dont serait jaloux plus d'un maître d'écriture expert.

Mais je laisse à leurs travaux puérils ces profanateurs des rêves de Fra Angelico et

je vais m'occuper un instant d'un artiste
que l'on a à tort rangé parmi les adeptes
de Manet : Bastien Lepage. Ce jeune
homme, cette figure si touchante, qui venait à peine de moissonner ses *Foins,* lorsque la mort l'a si prématurément fauché,
apportait au contraire une opiniâtre sincérité à l'étude de la Nature. Il exagéra même
la recherche de mille détails inutiles. Il les
plaquait bien un peu à la façon du peintre
des *Canotiers,* mais là s'arrête la ressemblance. Quel soin ardent et amoureux il
mettait à modeler des portraits dont plusieurs sont dignes d'Holbein! Si, dans ses
tableaux, il ne dégage pas assez le type de
l'individu, comment ne pas admirer encore
là son entière sincérité? D'ailleurs ne céda-
t-il pas parfois à de très nobles et poéti-
ques inspirations comme dans sa *Forge,*
d'une si profonde pénétration d'effet, et
dans sa *Jeanne d'Arc,* pleine de si touchantes intentions?

Il eut le défaut de vouloir tout expliquer,
de ne rien laisser dans le mystère, et ce fut

encore ici par excès de conscience. Son premier succès fut le portrait de son grand-père : étude de bon vieillard très naïve, sous le plein air, très poussée, très large de forme et d'une grande distinction de couleur. Bastien devait avoir une vive tendresse pour sa famille, car l'année suivante on vit au Salon les portraits de ses parents, d'une peinture moins sûre et plus émue. La mère surtout, campagnarde très sympathique, était d'une expression adorable, inoubliable. Aussi combien je fus touché, lors de l'apparition du tableau des *Foins*, ce succès retentissant du Salon de 1878, de la trouver un jour, devant cette toile, seule, assise sur le divan, illuminée par la gloire naissante de son fils, buvant les éloges des groupes pressés qui l'entouraient. Elle pleurait : larmes de joie mêlée de chagrin. Hélas! le paysan qui dort, étendu dans l'herbe, à côté de la faneuse enivrée du parfum agreste, le père Lepage lui-même, était mort récemment, n'ayant connu, comme prix du tableau pour le-

quel il avait posé, que des luttes et peut-
être des découragements! Et le triomphe
ravivait le chagrin de la pauvre veuve.
Profondément attendris, nous ne pûmes,
mon frère Émile et moi, résister au désir
de lui porter nos félicitations et nos homma-
ges respectueux, sans nous faire présenter,
persuadés que par son fils nous étions connus d'elle! Elle fut très sensible à cette
attention et quelques jours après, je vis
accourir à moi Bastien, qui ne savait comment m'en remercier.

Six ans plus tard, le vaillant artiste était
lui-même enlevé à ses rêves et à ses travaux. Que de fois j'ai pensé à l'immense
douleur de cette mère si tendre! Je crois
la revoir pleurant devant la statue qui, hélas! ne lui rend pas son fils. Il avait trente-
six ans! Comme il a travaillé! Il avait surtout étudié la Nature par ses morceaux
détachés ; il est mort au moment où il commençait à embrasser les ensembles et les
harmonies. Car il était pris de cette ardente
passion de la vie et de ses diverses mani-

festations, tendance qui semble inquiéter l'art de notre temps, consolant de bien des extravagances. Pourquoi ses *Foins* ne sont-ils pas au Louvre, puisque leur peintre est mort depuis 1883 ? Sa place n'est-elle pas dans cette grande salle de l'école française, où il ira un jour retrouver J.-F. Millet, qu'il a dû aimer quoiqu'il fût bien différent du maître de Barbizon. Il serait intéressant de comparer ce chercheur d'intimités au grand résumateur.

C'est en effet là que ce dernier a son chef-d'œuvre : *les Glaneuses ;* et un tableau très bizarre, *le Printemps ;* puis cette petite toile, tant reprise et si touchante, *l'Église de Gréville*, toute pénétrée de ses souvenirs d'enfance.

Le tableau des *Glaneuses* est le plus complet qui soit sorti de son magistral pinceau ; est-ce à dire que nous le préférions à tous les autres ? Nous trouvons que, comme beaucoup d'œuvres accomplies, il perd en expression ce qu'il gagne en perfection ; tout y est admirablement

pondéré. A peine pourrait-on reprocher
à la marmotte bleue de la femme de gauche, de manquer de vibration. On pourrait
aussi se demander pourquoi toutes les petites figures agglomérées dans le fond sont
blanches, tandis que les trois figures du
groupe principal portent des vêtements de
couleur. Mais ce sont là des vétilles auxquelles il ne faut pas s'attacher. Le tout
est très juste de caractère. L'harmonie austère palpite dans cette sorte de respiration
idéale qui donne la vie aux œuvres absolument supérieures. D'où vient cependant
que je préfère d'autres toiles de Millet
bien moins parfaites, mais moins déta-
chées de nos sentiments, plus humaines en
un mot? Je retrouve bien ici cette nature
cuite au four sous la voûte d'un ciel sour-
dement chauffé par un soleil sans flamme ;
c'est bien cette même atmosphère qui
semble chargée de lourds effluves de froment. Au milieu de ces qualités si personnelles, une chose me semble manquer
ici, c'est la passion douloureuse du peintre ;

ce que je regrette ce sont ses défauts. Les *Glaneuses* sont certes très supérieures à l'*Angelus*, et à ce *Printemps* qui les accompagne ici. Ah! combien plus intenses ces paysans dont j'ai parlé, exposés en 1853; combien plus sublime, bien que ce soit aussi un chef-d'œuvre accompli, son *Parc à moutons;* combien plus touchante cette humble *Église de Gréville*, cette toile sans cesse reprise et fatiguée, tant le peintre a voulu y mêler de son âme, où son pinceau creuse la Nature avec la pesanteur d'un soc de charrue et dont le ciel tant rêvé semble plein de sourires et de larmes!

Millet est certainement l'un des artistes qui ont le plus profondément cherché l'expression de la vie, qui ont fait parler non seulement les êtres mais aussi les choses. Bastien Lepage est loin d'avoir sa puissance; mais on trouve chez celui-ci des ferveurs ingénues, des ciselures de forme et des souplesses d'épiderme qui manquent au maître de Barbizon, à côté duquel il garderait encore son charme de sincérité. Et puis,

qui sait les transformations qui eussent
agrandi son talent ? Il cherchait à élargir
sa manière, un peu sèche au moment où il
est mort, à l'àge où Millet en était encore à
son *Œdipe*. Il fait penser à ces colonnes
tronquées des cimetières ; savons-nous ce
qu'eût été son chapiteau ?...

Ils furent tous les deux, à des points différents, des passionnés chercheurs de cet
art de la vie dont je voudrais, pour terminer cet ouvrage, essayer une étude.

Mais auparavant je veux dire quelques
mots de la peinture décorative et de ses
procédés que l'on a parfois appliqués à la
peinture de chevalet, transposition que
n'excuse pas la facilité qu'on y trouve à
plaquer des teintes plates sur des fonds
sommaires et dont le plus grand charme
tient à ce qu'elles ne font qu'effleurer des
harmonies facilement agréables par leur
douce matité. Quoi de plus différent que
ces deux arts, la peinture décorative telle
qu'on la comprend aujourd'hui et la peinture de la vie ? On veut que la peinture

murale, noble et belle, mais circonspecte, complète avant tout l'architecture qu'elle décore. Sereine et détachée de nos préoccupations directes, elle a, dit-on, pour rôle de personnifier et de continuer, dans sa langue austère et muette, l'enseignement de la chaire ou l'idée de la loi. Elle poursuit, en le modifiant selon les sujets, le caractère auguste et impassible qu'elle a hérité des Égyptiens, des Assyriens et des Grecs, dont parfois, de nos jours, elle emprunte encore les formules. Ainsi comprise, elle est certes digne d'admiration et de respect : sa gloire a traversé les siècles, mais elle est dépendante d'un art jaloux de ses droits contre lequel elle s'est souvent révoltée pour prendre ses libertés d'allure, ne se contentant plus de célébrer des symboles et de balancer des lignes harmonieuses. Elle s'est alors franchement détachée de l'Architecture, qu'elle a animée sans s'y mêler. Je ne crois pas que cette dernière y ait perdu.

Car si pâle, si effacée que soit une fres-

que, si elle n'évite pas les ciels et les
plans fuyants, elle troue les murailles et,
comme Samson, ébranle l'édifice : les décorations des Assyriens et des Égyptiens
sont plates et sans perspective. Les personnages et les objets sont bien des symboles
collés sur le mur. Nous ne savons pas bien
ce qu'était cette peinture chez les Grecs.
Je crois qu'elle devait aussi supprimer les
fuites des plans, lorsqu'elle n'accusait pas
franchement les reliefs comme dans cette
treille d'Apelles qui attirait les oiseaux. En
revanche nous connaissons très bien les
peintures murales de Léonard de Vinci, de
Raphaël, de Michel-Ange, d'André del
Sarto, du Tintoret, de Carpaccio, de Bel-
lini, de Rubens, de Jordaens et des maîtres
du siècle dernier. Ils n'ont jamais craint
d'attaquer vigoureusement les reliefs qui,
ainsi que de vrais tableaux, viennent en
avant de l'édifice et sont comme suspendus
aux murs que l'on sent derrière. La meilleure
façon de ne pas détruire l'architecture ne serait-ce pas de ne rien confondre avec elle ?

Mais enfin, je le répète, j'admets la fresque que l'on préfère aujourd'hui, celle qui ne sert que de mythe et d'archaïsme, et de symboles. Elle est surtout fille de la philosophie, elle est fille du cerveau et elle a pour idéal l'infini de la pensée abstraite. L'autre art, celui dont je vais tout à l'heure vous entretenir, a devant lui l'infini de la vie. Mais avant de chercher à l'étudier, il faut que je rende justice au maître illustre qui nous a légué les plus beaux exemples de cette peinture décorative philosophique et abstraite, écartant avec soin tout trait de passion et de vie qui pourrait en troubler l'auguste sérénité.

Il est difficile de rencontrer une figure d'artiste d'un plus tranquille et radical exclusivisme. Élève de Th. Couture, dont il ne semble en aucune façon avoir subi l'influence, Puvis de Chavannes étudia les maîtres de la Renaissance. Il s'en inspira d'abord, puis les abandonna. Mais, au lieu d'avancer, il recula jusqu'aux Primitifs ; il se créa comme une seconde enfance. Il vécut

alors en face de son esprit imagé, comme le
font les enfants isolés lorsqu'ils ont le génie de l'art. C'est avec des yeux pareils aux
leurs qu'il a ramené les formes à la simplicité rudimentaire. C'est pourquoi nous l'ai-
mons, car voir ainsi est une vertu en peinture. De là sa grâce ingénue et toute végé-
tale, grâce incorrecte souvent et qui peut
se passer de beauté, étant la saveur vierge.
Il a le charme des simples et la candeur
robuste de ceux que rien n'ébranle parce
qu'ils se croient infaillibles. Ils sont infaillibles, donc ils sont dieux ! Et cette conviction leur amène les croyants qui les adorent
comme des dieux. Et notre peintre écou-
tait avec une mansuétude reconnaissante
toutes les louanges qui chantaient sa création. Mais à la moindre critique, il s'allumait, rouge : il se redressait en Jupiter de
Fourvières. Il ne vous la pardonnait pas. Il
avait alors, lorsqu'il vous rencontrait, une
façon hautaine de vous jeter son salut sans
vous regarder. Généralement, on ne s'y exposait pas une seconde fois et l'on s'écar-

tait respectueusement, car on aurait eu tort
de s'en blesser : ne faut-il pas tout souffrir
d'un dieu ? Et puis comment en vouloir à
une individualité si peu soumise aux exi-
gences ordinaires ? Sa vie avait quelque
chose d'absolu comme son art.

Il disait lui-même : « Je veux être non
Nature, mais parallèle à la Nature. » C'était
traiter de puissance à puissance. J'aime cette
fierté et j'admire ce grand artiste tout d'une
pièce ! Il y a pourtant une chose qui m'é-
tonne beaucoup chez lui ; c'est qu'il soit
revenu à cette naïveté primitive, à cette
virginité des colorations édéniques, au Pa-
radis terrestre avant le serpent, après avoir
mangé les pommes des jardins de Fontainebleau et de Diane de Poitiers. Qui ne se
rappelle l'opulente femme vue de dos dans
sa *Paix* du musée d'Amiens ? Personne n'a
peint un morceau d'une désinvolture char-
nelle plus élégante dans ses formes abon-
dantes. Tout le reste était à l'avenant comme
quintessence de raffiné. Son brusque changement devait naturellement désorienter,

même ceux qui l'avaient le plus applaudi.
Quoi d'étonnant qu'ils aient pris son préra-
phaélisme pour une décadence? Je me souviens d'une petite toile qu'il avait envoyée
au Salon en même temps que son *Espé-
rance* et qui était si rudimentaire de forme
que tous les membres du jury, dont j'étais,
se regardèrent en se disant : « Nous ne pouvons pas refuser Puvis! Que faire? » Alors
Delaunay nous dit : « Je suis très lié avec
lui, j'arrangerai l'affaire, je lui conseillerai
de retirer son tableau. » Ce fut fait; mais
Puvis y vit un parti pris hostile, et, pendant
bien longtemps, s'en irrita tellement qu'il
ne saluait plus les membres de ce jury.

Lequel des deux Puvis de Chavannes
devons-nous préférer? La question est difficile à résoudre. L'un est plus ample et plus
beau, l'autre est plus touchant. Le mieux
est de ne pas choisir et de les prendre tous
les deux en félicitant l'école française d'a-
voir cet artiste double qui, après avoir résumé d'anciennes personnalités, a su être
lui-même, tout en continuant à charmer,

même dans ses défaillances puériles comme ce *Pauvre Pêcheur* dont la pauvreté, sur laquelle il est inutile d'insister, désarme la critique comme ces figures barbares que les paysans bretons sculptaient pour leurs jubés et leurs calvaires. J'en dirai autant à propos de sa *Sainte Geneviève* du dernier Salon dont l'insuffisance absolue de forme a touché tant d'âmes ferventes. D'ailleurs ce sont là les défaillances que les fanatiques prônent le plus. Il en est toujours ainsi.

Oui, il était naïf. Cependant il ne procédait pas comme les vrais simples. Il partait du compliqué pour arriver à la simplicité. Il dessinait d'abord ses figures avec toutes leurs particularités, puis il les calquait en supprimant tout détail. Alors il arrangeait, il modifiait ses compositions en appliquant ces calques les uns près des autres, les enlaçant, les changeant de place, jusqu'à ce qu'il eût trouvé sa satisfaction complète. Et il mettait un goût admirable à l'ordonnance qui sortait de cette façon de procéder où le hasard le servait. Voyez, à la Sorbonne sur-

tout, comme les figures se balancent, s'a-
justent et s'équilibrent. Toutes ces tournures
uniformément résumées, tous ces gestes si
bien trouvés ont à côté de leur candeur une
autorité vraiment magistrale, quoique cela
soit posé un peu comme des papillons dans
un cadre, et que, pour soutenir une figure,
on y trouve parfois le besoin d'un support fac-
tice. Mais, je le répète, l'ensemble est ravissant et les grandes localités de tons sont
aussi d'un charme singulier même lorsque
(comme dans le *Doux Pays* de l'escalier de
Bonnat, où des figures se détachent en clair
sur un ciel de soleil couchant) elles ne sont
pas « parallèles à la Nature ». Cependant ses
groupes sont rarement mus par un sentiment
qui unisse logiquement leurs gestes, si admirables d'ailleurs, dans une action commune.

Je trouve que ce défaut de connexité est
presque général à notre époque, parmi nos
monuments publics, en sculpture comme en
peinture. On y voit une symétrie réglée par
la géométrie et non une synthèse de passion et de vie. Puvis de Chavannes est le

chef incontesté de cet art abstrait; et il a raison d'être aux premiers rangs de l'école française, où tous les genres ont des représentants distingués. Ce que je n'admets pas, c'est qu'on fasse de son œuvre le modèle à proposer aux autres comme le seul art vraiment décoratif; c'est qu'on n'admette pas que cet art comporte aussi la vraie peinture de peintre et les palpitations de la vie, ce que j'affirme au nom de Michel-Ange, de Léonard, de Rubens et d'Eugène Delacroix. Des artistes vivants le prouvent aussi. Ah! si l'un de ces derniers le voulait et s'il ne sacrifiait pas trop à l'étrangeté et à la facilité des ébauches, au lieu d'approfondir les trouvailles dont il a décoré l'Hôtel de Ville et la Sorbonne!

L'art doit avant tout se mouvoir en pleine liberté, vibrer aux tressaillements de l'âme, aux battements du cœur, s'identifier avec les passions et les phénomènes qui l'entourent et procéder autant du sang que de la tête.

Différente aussi de l'art monumental tel que l'a compris Puvis de Chavannes, est la peinture d'histoire, qui fait revivre des héros de nerfs et de chair, et craint moins l'anachronisme des détails que l'invraisemblance et l'immobilité.

On comprend que ces formes d'art, dont le but est divers, réclament des procédés différents aussi.

Je ne suis pas de l'avis des critiques d'art qui veulent que la peinture décorative soit toujours abstraite et dépendante; mais quoi qu'il en soit et de quelque côté qu'on la considère, la peinture de la vie doit être libre d'entraves. Elle peut se servir de toute l'étendue de ses ressources, surtout lorsqu'elle aborde les régions mystérieuses du sentiment de la pensée. C'est une grande erreur chez certains artistes, de croire que pour exprimer le surnaturel, l'immatériel même, il faille répudier toute matière, et que le rendu de la pensée exige cette pâleur anémique, ce brouillard diffus, cette gracilité fragile dont trop souvent on croit devoir la revêtir. Tout cela n'est que la fumée des rêves incohérents où se dissolvent les fantômes nocturnes. C'est l'erreur aussi des poètes qui prétendent que les idées mystérieuses et subtiles ne se rendent que par la confusion des constructions invertébrées d'un style nébuleux. Plus la pensée est vague, plus la phrase qui l'exprime a besoin de précision grammaticale. Sans cette condition on tombe dans le néant. Cette précision est alors absolument rigoureuse, surtout à la peinture.

Il ne faut jamais oublier que l'art dont nous nous occupons ici, ne peut rien exprimer sans le secours de la matière, puisqu'il ne peut s'adresser au cerveau qu'en passant par les yeux. Pour faire pressentir l'immensité immatérielle, il a besoin de toute l'étendue matérielle. C'est par la vie physique qu'il aborde la vie invisible, toutes deux régies par les mêmes lois. Comment faire pressentir l'infinie puissance de la seconde, par une forme chétive et maladive? L'art pour l'aborder n'a pas assez de tout son clavier, de toutes ses ressources. C'est pourquoi le procédé éteint et abstrait que l'on impose à un art dépendant ne peut convenir à l'indépendante peinture de la vie, surtout lorsqu'elle a pour but d'exprimer le règne de l'imagination. Il y a des pensées et des sentiments qui éclatent comme des soleils, d'autres qui ne sortent pas du rêve des nébuleuses : ces nuances infinies et diverses réclament tous les moyens d'expression. Rubens n'est jamais plus audacieux, plus éclatant, plus clair que dans ses allégories ; et Rembrandt, le peintre de l'invisible, est le plus puissant des peintres visibles. Pour peindre le surnaturel, il faut toute l'étendue et toute l'intensité du naturel.

Le légitime succès qu'ont obtenu les travaux décoratifs de Puvis de Chavannes, a pu entraîner certains artistes à se servir, pour leurs tableaux de genre et d'histoire, de ses procédés sommaires, de ses larges localités de tons plats, de ses modelés à peine saillants, et ils ont abouti à une uniformité engourdie. Je sais bien que pour tous les arts, la simplicité et la grande unité sont des qualités principales ; mais.

dans la peinture dont il nous reste à parler, cette simplicité et cette unité doivent être la résultante de mille variétés, des tressaillements de la vie et de l'air. Le procédé est appelé, ici, à rendre les âpretés, les inflexions de la nature, tous les frissons de l'épiderme, toutes les vibrations de la lumière; son unité, c'est la grande synthèse des forces naturelles.

Les artistes qui se sont emparés, pour leur usage exclusif, du mot *impressionniste*, ont la prétention de se dire les initiateurs de cette recherche des secrets de la vie. Ils s'abusent infiniment. L'impressionnisme est vieux comme le monde. Mais ces prétendus novateurs ont crié plus fort que leurs devanciers : de là la méprise d'unpublic trop distrait. Les quelques découvertes dont la peinture contemporaine peut s'honorer, ont précédé leur entrée en scène.

Ils ont tout au plus, parmi eux, quelques sentinelles perdues dont les audaces ont pu être utiles, comme nous allons le voir. En réalité, ils n'ont presque toujours fait qu'exagérer ou faussement appliquer des lois que leurs prédécesseurs leur ont transmises. Souvent ils les ont dénaturées, poussant jusqu'à l'erreur criarde la vérité que d'autres avaient affirmée un peu trop sagement peut-être. Ils ont hurlé au lieu de chanter.

Je dois toutefois constater ici que, parmi ces impressionnistes, tous n'ont pas accompli leur entière évolution. Jusque-là, je ne puis condamner des chercheurs à la sincérité de qui je veux croire.

Je citerais même une exception à la vanité de tant de tentatives, si je ne m'étais interdit de parler des vivants. Mais, sans le nommer, je puis bien dire qu'un des artistes qui m'avaient le plus déconcerté par leurs incohérents bariolages s'est tout à coup transformé de la plus heureuse façon. Il n'est pas du reste parmi ceux dont on fait le plus de bruit ; peut-être même l'accusera-t-on de trahir de fulgurantes promesses. Qu'il n'écoute mie ! Qu'il continue à faire des toiles comme celle de cette *Messe* qu'il

exposa au Salon de 1898, section du Champ-
de-Mars, où de pieuses femmes, aux blan-
cheurs monastiques, s'enveloppent d'exquises nuances que réveillent, çà et là, les
merveilleux reflets d'un vitrail; et comme
cette autre toile du dernier Salon : ce
groupe de jeunes filles bretonnes embar-
quées sur une mer toute perlée de magie
argentine, petit panneau très neuf de ravissante impression, bien fait pour consoler de
tant de folles outrances.

Je m'empresse d'ajouter que nous n'avons
pas trop à nous plaindre de ces outrances.
Elles excitèrent d'abord une douce gaieté;
puis, on se mit à regarder curieusement ces
étranges symptômes d'une pathologie bizarre et, parmi des extravagances sans
nom, on finit par découvrir quelques audaces heureuses. Les rétines un peu trop
timides s'habituèrent aux fulgurations insensées, aux agitations de la forme, et il
fut permis aux artistes mieux équilibrés de
tout oser, sans craindre l'étrangeté des effets nouveaux ou excessifs. Et voilà com-

ment des colorations folles purent amener
des harmonies plus éclatantes, mais n'ayant
cependant pour base que les lois découvertes par les précurseurs qui, dans leur
réserve discrète, ne les avaient peut-être
pas intégralement appliquées.

D'ailleurs, lorsqu'on les compare les uns
aux autres, ainsi qu'il est facile de le faire
simultanément au Luxembourg, tout le
monde pourra constater que les tons outrés
des décadents qui sacrifient tout à la lumière, restent ternes et boueux.

Il y a deux sortes d'harmonies : celle
qui procède par l'atténuation, l'adoucisse-
ment des tons fondus dans une gamme
neutre, jouant surtout avec ce que nous
appelons les valeurs; l'autre qui attaque
audacieusement les couleurs dans tout leur
éclat, ne les accordant que par la justesse
extrême des relations. Si les prétendus impressionnistes sont si criards, ce n'est pas
qu'ils soient trop colorés, trop intenses,
c'est parce qu'ils sont faux et qu'ils ne font
pas chanter leurs couleurs dans le chœur

harmonieux d'une juste orchestration. Il n'y
a pas de violence de coloris qui soit absolument rebelle à cet accord. Si vos tons sont
si criards, ce n'est pas qu'ils soient trop
éclatants, c'est parce qu'ils sont mal opposés et qu'ils sortent de la logique des reflets ambiants. La coloration de la lumière
et du reflet qui ne devraient qu'illuminer,
sans modifier leur apparence réelle, les
objets de vos tableaux, semble leur appar-
tenir en propre. Ce n'est pas le ciel bleu qui
reflète en violet le cheval que vous peignez
dans ce pré, c'est le cheval lui-même qui
est violet sous votre pinceau. Il pourrait
être plus violet que vous ne l'avez fait et ne
pas le paraître. Pourquoi cette lavandière,
dans votre soleil couchant, suspend-elle à
la haie son linge qui est absurdement bleu
d'un côté et rose de l'autre? C'est parce
qu'elle n'est pas dans l'air et sous le ciel
qu'il lui faut. Mettez ce linge dans son milieu d'harmonie, et il vous paraîtra blanc,
bien qu'il soit aussi bleu et aussi rose que
tout à l'heure. C'est que dans ce dernier

cas, le spectateur rend à César ce qui appartient à César, c'est-à-dire au ciel, le bleu qui tremble sur le linge, et le rose au soleil qui l'éclaire. Cette perception de la couleur intrinsèque des objets persistant à travers la lueur illuminante est le plus grand charme de ces effets prestigieux et la preuve de la justesse de leur harmonie.

Donc, tant que vous restez dans la logique des rapports qui constituent l'harmonie, vous n'aurez rien à craindre de l'emploi des tons les plus violents. Non seulement ils ne hurleront pas, mais les profanes ne les verront pas plus qu'ils ne les voient dans la nature.

C'est surtout par les soleils couchants et au réveil de l'aurore que cette vérité éclate.

Il est une heure du soir qui pénètre l'âme délicieusement et l'exalte par son intensité magnifique. C'est quand le soleil va s'endormir. Tandis qu'il allume d'un feu sombre, et sans presque les éclairer, les objets terrestres, à travers l'horizontale étendue des vapeurs embrasées, ses rayons verticaux par rapport au zénith jettent encore à cette partie du ciel une entière clarté couleur d'améthyste. L'astre, avant de s'éteindre, envoie à la voûte céleste tout son éclat lumineux, laissant encore à la terre le chatoiement de toutes ses richesses colorantes. Presque plus d'ombre, mais des traînées d'azur aux bas-fonds où la flamme ne peut plus dorer le sol. La puissance du reflet égale presque celle de la lumière directe des rayons roses près de s'éteindre. C'est adorable. Tout vibre d'amour dans ce sublime accord du ciel et du feu pour imprégner la terre de leur divine magie. Par la froideur des effluves verts, bleus et violets, épandus de la voûte, c'est un embrasement vermeil qui frémit comme un brasier dans l'eau. C'est l'association étroite de tous les tons les plus opposés ; et l'air les accorde si bien que, tout au charme de cette harmonie, on s'aperçoit à peine de la violence des contrastes qui émerveillent les regards de leur symphonie glorieuse.

Et la même magie, ô peintre, si tu ne

sors pas de la gamme logique, transfigurera sur la toile les couleurs qui auront laissé à la palette leur inexpressive crudité, pour prendre l'éclat mystérieux de la vie. C'est mauvais signe lorsque les couleurs appliquées au tableau qui doit les transformer, restent les mêmes que sur la palette.

Les tons chantent rien que par leur juste opposition et ceux qui détonnent au contraire, auront beau être pointillés, sabrés de hachures, glacés et tripotés, ils n'arriveront jamais à illuminer la vie.

Quelle belle recherche que celle des colorations et des vibrations de la lumière! Mais elle ne suffit pas. La forme aura toujours la prééminence. D'ailleurs elle est plus durable. Ceux qui ne pensent qu'aux exquisités de nuances (et souvent quelles exquisités!) se préparent d'amères déceptions pour peu qu'ils vivent. Que restera-t-il sur leurs toiles informes dans cinquante ans? Heureusement à côté d'eux quelques vaillants de l'école moderne se préoccupent aussi d'exprimer la vie, non seulement par les vibrations de la lumière, mais aussi par les mouvements et les palpitations des corps. Seulement, combien s'arrêtent en chemin! Combien se contentent d'ébauches qu'ils abandonnent au moment où commence la difficulté! Rien de plus insipide en art que des formes mornes et figées. Cependant que dire de ces pochades désordonnées, multipliées par l'impuissance!

C'est qu'il faut être un grand artiste pour finir une œuvre en lui conservant la souplesse et la variété de la nature. Le grand danger, c'est de la refroidir en ramenant toutes ses parties à l'uniformité d'une *manière* qui n'est plus souvent que routine.

La nature ne crée jamais deux choses pareilles, tandis que la manière humaine a la tendance de faire passer tout dans un moule uniforme. Le génie lui-même n'est pas toujours exempt de cette infirmité contre laquelle il doit réagir; car, malgré la lumineuse étendue de sa vision, il tomberait facilement dans ce défaut que les ateliers appellent familièrement *le chic* et qui, appliquant aux choses diverses des indications pareilles, n'est que le vice de la personnalité! Ce vice insipide ne peut s'éviter que par une étude assidue des types que, même en les simplifiant, il faut toujours accentuer dans le sens qui constitue leur individualité et leur originalité.

J'ai dit que, de nos jours, on s'intéressait à cette recherche de la vie par la variété des mouvements et des formes, mais qu'on s'arrêtait trop souvent à l'ébauche et à la pochade. Ce qui fait le charme et la vie des bonnes pochades, c'est que le peintre, dans sa précipitation, poussé par une inspiration rapide, y a jeté éperdument, et comme au hasard, les traits et les tons essentiels de sa vision. Ce sont donc ces traits et ces tons essentiels qui doivent tout d'abord ressortir de l'œuvre finie. Arriver à ce résultat qui paraît si simple, est tout ce qu'il y a de plus difficile. Il n'est réalisé que par les forts. Savoir finir, c'est faire des chefs-d'œuvre. La pochade promet tout; elle ne

réalise rien. C'est le spectateur qui finit, en
esprit, le tableau. Il est vrai qu'il est flatté
de ce qu'on lui laisse ce soin, ce qui le dispose en faveur des faiseurs d'esquisses.
Les malins en profitent. Les pochades vivent
en partie de hasards heureux, si l on peut
appeler hasards des réussites dues peut-être
à une inspiration dont les moyens sont inconscients. Le hasard est varié, mais il est
aveugle. On ne crée pas une œuvre véritable
sans mettre de l'ordre dans sa création.
Pour être durable, elle ne doit pas être improvisée.

Et l'on s'est aperçu qu'en voulant finir
l'ébauche, on l'avait refroidie. De là le
mépris du fini et du travail : c'est que l'on
ignore ce qu'ils doivent être, ou que l'on
manque de courage et de persévérance dans
leur poursuite. Or ce n'est que par le fini
que l'on peut faire pressentir l'infini. Évi-
demment je ne parle pas de ce fini qui consiste à perler et à multiplier les détails.
Tout détail qui n'est pas nécessaire à
l'expression du sujet, l'affaiblit. Toute

complication exagérée détruit l'émotion. Loin de compliquer ce que la pochade donne du sujet, on est souvent forcé de le simplifier sur le tableau. Il faut aussi insister sur les accents expressifs, les expliquer (ils ne sont dans l'esquisse qu'à l'état embryonnaire), et il faut en même temps les rendre plus vivants. Il faut finir en intensité.

Quel travail de surveillance pour éviter cette uniformité fastidieuse où tombe toujours un fini qui n'a pas été conduit par une science profonde ! Finir une œuvre c'est en tirer toute l'essence expressive, en l'unifiant, tout en la variant dans ses diverses parties.

Que l'œil puisse la parcourir et la suivre dans sa grande liberté d'allure sans être forcé à des arrêts fâcheux. Un tableau fini doit être ramené, par les accents principaux dominant les détails, aux deux ou trois traits de fusain que l'artiste a d'abord jetés sur la toile blanche, débarrassés de tout ce qui ne contribue pas à la rayonnante clarté et à cette variété d'inflexion qui est la vie même. En peinture comme dans tous les arts, la forme a une importance majeure, car elle fait corps avec la pensée.

Plus la pensée s'élève, moins elle est frappée par l'apparence grossière et superficielle; plus elle saisit le sens éternel et secret, plus elle s'approche de la lumière divine et plus elle serre de près la Vérité.

Et c'est cette vision supérieure de la pensée qui crée le grand art. Tout ce qui n'émane pas d'elle n'est que convention pure de vaine esthétique.

C'est cette haute vision qui relève les choses de leur vile matière et les met en communion avec notre âme. Adorable effet des arts! Par l'immense concert des harmonies, l'âme humaine se dégage de plus en plus de ses entraves terrestres; ivre d'espace, elle plane, elle monte à grands coups d'ailes, à travers la Nature transfigurée; elle monte de ciel en ciel, voluptueusement dilatée dans l'ineffable rêve de l'effusion en Dieu!

C'est pourquoi les joies de l'art sont divines et donnent à notre âme comme la sensation de son immortalité. Elles éclairent le spectacle du monde ; c'est l'Éden reconquis, ingénu, tout vibrant dans le rayonnement de son incommensurable amour.

. . . .

Si Dieu me prête encore quelques jours d'activité, je voudrais, dans un dernier livre étudier l'universelle harmonie qui associe si intimement les effluves des choses aux plus nobles aspirations de l'homme et rechercher la part de la Nature et celle de l'Art dans la création de l'idéale Beauté.

Je termine celui-ci. Je quitte à regret tous ces artistes que j'ai connus, que j'ai aimés et qui semblent me sourire du fond des brumes du passé. J'ai tâché de les faire revivre un instant et c'est avec attendrissement que je les abandonne pour toujours.

Quel est celui d'entre eux qui se rapproche le plus de l'Idéal, le but sacré? Personne ne pourrait le dire. Presque tous l'ont entrevu ; beaucoup pour leur déception. Les heureux ont été plus ou moins favorisés dans la recherche de sa suprême expression qui ne sera jamais réalisée entièrement.

On n'embrasse pas l'Infini.

Mais, ce qui est consolant pour l'avenir, c'est que jamais non plus, dans son élan d'inspiration, l'ardente foi des créateurs ne désespérera d'y arriver.

L'Art et ses illusions sont d'essence éternelle.

Nous pouvons mourir tranquilles ; nos petits-enfants n'épuiseront pas la coupe de leurs joies divines.

FIN.

TABLE

DES NOMS CITÉS DANS CET OUVRAGE

www.ingramcontent.com/pod-product-compliance
Ingram Content Group UK Ltd.
Pitfield, Milton Keynes, MK11 3LW, UK
UKHW021646170726
13836UKWH00005B/2431